Hartmut Schröter

Landschaftsmalerei – Korrektiv moderner Naturentfremdung

Lorrain | Turner · Friedrich | Feininger · Monet | v. Gogh

Hartmut Schröter

Landschaftsmalerei –
Korrektiv moderner Naturentfremdung

Lorrain | Turner · Friedrich | Feininger · Monet | v. Gogh

Verlag Books on Demand GmbH, Norderstedt

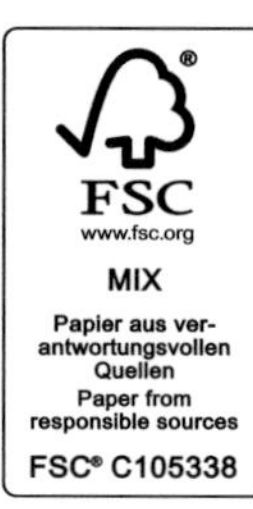

Landschaftsmalerei – Korrektiv moderner Naturentfremdung
Lorrain | Turner · Friedrich | Feininger · Monet | v. Gogh

Herausgeber: Hartmut Schröter

Fotografie: Titel, Seite 68: Hartmut Schröter
Layout: Renate Lintfert, Q3 design GbR, Dortmund

1. Auflage Februar 2021
© beim Herausgeber

ISBN 9783753421155

Herstellung und Verlag:
BoD – Books on Demand GmbH
In de Tarpen 42
D-22848 Norderstedt
Telefon (+49) 0 40 - 53 43 35 - 0
Telefax (+49) 0 40 - 53 43 35 - 84
Web: www.bod.de
e-Mail: info@bod.de

Inhalt

Vorwort zum Kontext · 9

**Landschaftsmalerei –
Korrektiv moderner Naturentfremdung**
Lorrain | Turner · Friedrich | Feininger · Monet | v. Gogh · **17**

Petrarca – Wendung zum Subjekt angesichts
der Erdlandschaft · 18

Das Ganze der Welt realisieren · 20

Einklammerung der Anschauungs- und Erfahrungs-Welt –
Überspringen der Erdwirklichkeit · 21

Lorrain | Turner · 22

Landschaft als Welt-Bau bei Claude Lorrain · 22

Bild-Bau versus Bild-Dynamik
Lorrain : Turner · 29

Turner – Das Erhabene des energetischen Zusammen-
wirkens der Elemente · 34

Turner – Die Geschwindigkeit als Paradigma der
Welt-Wahrnehmung · 36

Realisierung des Newtonschen Naturentwurfs im
Eisenbahnsystem (W. Schivelbusch) · 38

Die „überfahrene" Lebenswelt (Turner) · 39

Turner als Reisender – Interesse an der Verschiedenheit
der Gegenden · 41

Friedrich | Feininger 43

Kontrast von romantischer Unendlichkeit und horizontumgrenzter Endlichkeit in der Moderne 43

Einsam vor dem Unendlichen 45

Monet | v. Gogh 48

Claude Monet – Die Wahrnehmung der Erscheinungen 48

Augenblicke der Epiphanie (Marcel Proust) 51

Welt-Spiegelung in den Seerosenbildern Monets 53

Vincent van Gogh – Existentielle Welterfahrung im Raum
unseres sterblichen Daseins 55

Literatur 65

Abbildungsverzeichnis und -nachweise 65

Vorwort zum Kontext

Mein Vortrag gehörte in den Zusammenhang eines Symposions zum Weltverständnis der modernen Physik im Kontext der heutigen Gefährdung unserer Erde durch die Folgen der Globalisierung. Im folgenden gehe ich auf diesen Kontext ein. Dieser Sonderdruck lässt sich aber auch ganz unabhängig von diesen Zusammenhängen lesen. Das Symposion stand unter dem Titel: „Bewusstseinswandel zu einer integralen Weltsicht. Quantentheorie – Naturverhältnis und nachhaltige Erdpolitik" (hrsg. von Arno Lohmann und Michael Colsman), und ist erschienen in der Reihe „Evangelische Perspektiven, Heft 14 (ISBN 9783752627916). Die Dokumentation ist zu beziehen über die Evangelische Stadtakademie in Bochum, Westring 26a, 44787 Bochum, Telefon 0234 962 904-0 oder über den Buchhandel. Damit sei die Dokumentation des Symposions empfohlen. Man findet darin u.a. grundlegende Beiträge von Prof. Thomas Görnitz, dem wissenschaftlichen Nachfolger von C.F. von Weizsäcker, und Ernst Ulrich v. Weizsäcker mit einer Zusammenfassung des neuesten Berichts des „Club of Rome" zu Perspektiven nachhaltiger „Erdpolitik".

Im folgenden werden die Fragestellungen der Beiträge zum Symposion vorgestellt. Danach ordne ich die Suche nach einer „integralen Weltsicht" meinem eigenen „Lebensweg" zu. Zum Schluss mache ich den Versuch, im Nachhinein mögliche Strukturverwandtschaften zwischen den Erkenntnissen der Quantentheorie und den Konstellationen eines Kunstwerks zu benennen, auch wenn sie sich auf sehr unterschiedliche Weltzugänge beziehen. Die Kunst bleibt den Phänomenen verbunden, während die Wissenschaften sie auf ihre Erklärung hin überschreiten.

Bei aller Hochschätzung der Kunst wird sie doch in der Regel nicht als Korrektiv oder gar Alternative zum Weltzugang unserer wissenschaftlich-technischen Moderne ernst genommen. Die in diesem Sonderdruck besprochenen Kunstwerke und Künstler werden dennoch unter der Frage interpretiert, wieweit sie uns heute Winke auf einen Weg geben können, der aus der herrschenden Natur- und Weltentfremdung heraus führen könnte.

Symposion:
Bewusstseinswandel zu einer integralen Weltsicht.
Quantentheorie – Naturverhältnis – nachhaltige Erdpolitik

Die mit dem Thema schon eingeführte fachübergreifende Zusammenarbeit deutet schon den Anspruch an, der sich in dem Titel einer groß angelegten Darstellung der neuesten Physik durch Thomas Görnitz und Brigitte Görnitz in ihren kosmologischen Konsequenzen niederschlägt: „Von der Quantenphysik zum Bewusstsein. Kosmos, Geist und Materie". Der Vortrag und die anschließende Diskussion bieten eine fulminante Durchführung der Frage, inwiefern die Quantentheorie im Unterschied zur klassischen Physik geeignet ist, über die grundlegende Bedeutung der Information die Möglichkeit von Leben, Psyche, Gehirn und Bewusstsein herzuleiten. Diese erweiterte Deutung der Quantentheorie integriert also die Phänomenbereiche von Materie, Leib, Seele und Geist in einen Entwurf der Natur, die für die klassische Physik und die neuzeitliche Philosophie auseinander fielen. Darin sehe ich auch einen Ausgangspunkt und ein Anliegen der Kunst. Ich werde hier deshalb noch der Vermutung nachgehen, ob nicht gewisse Grundstrukturen der Quantenwelt denen der neueren Kunst näher stehen als der klassischen Physik, in deren Wirkungssphäre sie als Korrektive entstanden ist.

Damit ist schon angesprochen, dass die neuzeitlichen Naturwissenschaften selber in einem ganz bestimmten Naturverhältnis gründen. Auf dieses geht ein Beitrag des Physikers und Philosophen Prof. Michael Driescher unter dem Titel „Philosophische Anfragen an das Naturverständnis der Naturwissenschaften" im Übergang von der „klassischen" Physik zur Quantenphysik ein. Dass M. Driescher nicht nur bei C.F. von Weizsäcker promoviert hat, sondern auch Wissenschaftlicher Mitarbeiter des „Max-Planck-Instituts zur Erforschung der Lebensbedingungen der wissenschaftlich-technischen Welt" war, zeigt schon das

Problem an, das durch dieses Naturverhältnis entstanden ist. Die klassischen Naturwissenschaften haben über ihre Anwendungen in der Technik und in den technisch gedachten Organisationsformen von Gesellschaft (nach der Funktionsweise des Maschinenmodells) unsere Erde in nie dagewesener Weise verwandelt. Und zwar in einem solchen Ausmaß, dass wir heute auf eine Gefährdung des ganzen Ökosystems der Erde zusteuern. Es gilt also, auch die Wirkungen dieses Natur- und Weltverständnisses auf die Lebensbedingungen unsere Erde in den Ansatz unserer Weltbetrachtung und der Wissenschaften zu integrieren.

Wir sprechen nun vom „Anthropozän" und meinen damit, dass die durch die Menschheit verursachten Umgestaltungen zu einem dominanten und gefährlichen Faktor für das System „Gaia" geworden sind. Auf dieses Problem geht der grundlegende Beitrag von Ernst Ulrich von Weizsäcker zu den von ihm veröffentlichten Ergebnissen der neuesten Untersuchungen des „Club of Rome" ein. Ihr Titel weist schon auf die Dringlichkeit dieser Fragestellung hin: „Wir sind dran". Man kann ihn in zweifacher Richtung lesen. Wenn sich nicht etwas grundlegend ändert in unserem Naturverhältnis, dann geht es an unser Überleben, es sei denn wir nehmen die daraus erwachsende Verantwortung für diese Erde an. Entsprechend heißt der Titel seines Vortrages: „Wege zu einer Erdpolitik. Auftrag und Gefahr im Zeitalter des Menschen (Anthropozän)". Über die Integration der Frage nach den Auswirkungen der wissenschaftlichen Erkenntnisse auf das Leben muss sich nun auch das Handeln der Politik dieser weltweiten Problematik stellen. Was auch für die Wissenschaften bedeutet, sich als Faktor in der notwendigen Transformation zu begreifen und möglicherweise umzuorientieren, wie es mit der Integration der Ökologie in Bezug auf das Klimaproblem schon sehr engagiert geschieht.

Dass es dabei nicht nur um pragmatisch-technische Lösungen gehen kann sondern auch um ein anderes, bis ins Affektive reichendes Naturverhältnis, bringt E.U. v. Weizsäcker mit einem Hinweis auf die Publikationen des Biologen und Philosophen Andreas Weber ein. Der Titel seines in mehrere Sprachen übersetzten Buches: „Alles fühlt", mag als Hinweis auf dessen inzwischen umfassend ausgearbeiteten Ansatz ausreichen. Ich bin mit ihm seit langem befreundet und in einem fruchtbaren Austausch.

Dass die Erde ein durch das Leben selbst gestaltetes integrales System darstellt, – diesen Ansatz diskutiert der Leiter der Ev. Stadtakademie Arno Lohmann mit dem in Hightech-Unternehmen tätigen Nuklear-Physiker Dr. Hans Rudolph Zulliger. Dieser hat u.a. den Schweizer Bundesrat für eine nachhaltige Energiepolitik beraten und eine Stiftung „Drittes Millenium" für eine nachhaltige Zukunftsgestaltung gegründet. Seine jüngste Buchveröffentlichung trägt den bezeichnenden Titel: „Gaias Vermächtnis – Plädoyer für eine integrale Weltsicht".

Es ist bekannt und wird von T. Görnitz auch erwähnt, dass asiatisch-buddhistische Weltsichten mit den für unser Weltbild revolutionären Erkenntnissen der modernen Physik viele Anknüpfungspunkte haben. Aber dort geht es um einen praktischen Übungsweg, auf dem man in die Erfahrung einer alles umfassenden Fülle in einer noch unbestimmten Leere gelangen kann. T. Görnitz vermutet selbst, dass dieser Erfahrung vielleicht das alle Möglichkeiten enthaltende Quanten-Vakuum entsprechen könnte. Im Symposion wurden von dem in Zen-Meditation durch Michael v. Brück ausgebildeten Gymnasiallehrer Johannes Soth entsprechende Körper- und Meditationsübungen angeboten und in seinem Beitrag illustriert und reflektiert. In Anspielung auf Nietzsches Gedanken von der Vernunft des Leibes heißt er: „Der Leib und seine große Vernunft". Auch die Konsequenzen der Quantentheorie, wie sie T. Görnitz entfaltet, weisen darauf hin, dass sich die eher geistigen Qualität der Information und ihrer Verarbeitung notwendig materiell und leiblich manifestieren müssen. Letztlich erweist sich die Unterscheidung von Materie, Körper, Leben, Psyche und Bewusstsein als eine Evolution von zu „Fakten" geronnenen Möglichkeiten der ursprünglichen Quanteninformation.

Eine Sichtung der Deutungen von Bewusstsein in europäischer und asiatischer Denktradition hat der Tibetologe, Philosoph und Dipl.-Psychologe Dr. Michael Colsman der Tagung vorangestellt: „Bewusstsein und Bewusstseinswandel aus interkultureller Sicht". Er bezieht sich dabei im wesentlichen auf das kulturanthropologische Modell Jean

Gebsers und das ganzheitsorientierte Bewusstseinsmodell des indischen „Weisen" Sri Aurobindo. Es handelt sich um einen Versuch, das anthropozentrische Welt- und Menschenbild unserer Moderne in ein kosmisches Bewusstsein und Teilhaben zu verwandeln. Eine Antwort auf die Welt-Aneignung und -Ausbeutung der Moderne müsste am Ende wohl die Einsicht sein, dass wir unsere absolut gesetzte Herrschaftsposition über die Erde, die Nietzsche schon als den Willen zur „Erdherrschaft" diagnostiziert hat, zurücknehmen. Also nicht nur durch eine Steigerung der technischen und organisatorischen Möglichkeiten ihre Schäden zu beherrschen versuchen, sondern uns als einen integralen Teil und Mitspieler in „Gaias Vermächtnis" verstehen und entsprechend verhalten.

Kontexte des Autors

Es reizt mich, nun in diesem Vorwort nachträglich noch auf mögliche Strukturverwandtschaften zwischen der Welterkenntnis in der Quantentheorie und dem Ansatz der Kunst zu reflektieren. Zuvor aber möchte ich den Raum umreißen, in dem sich mir die Frage nach der Kunst schon länger gestellt hat. Da ich selber nicht im universitären Bereich beruflich tätig war und nur weniges an oft abgelegeneren Orten publiziert habe, umreiße ich meinen Denk- und Erfahrungshorizont mit einigen Hinweisen. Studiert habe zunächst Theologie, dann promoviert mit einer Arbeit über Nietzsches Frühwerk in Philosophie bei Prof. Dieter Jähnig. Eine seiner wesentlichen Publikationen trägt den für mich wegweisenden Titel: „Kunst-Geschichte: Welt-Geschichte. Erinnerung und Veränderung (DuMont)". Meine Arbeit wurde verlegt unter dem Titel: „Historische Theorie und geschichtliches Handeln. Zur Wissenschaftskritik Nietzsches". Im Grunde handelt es sich um eine Parallele zur Auseinandersetzung mit den Naturwissenschaften. Denn es geht um die Frage, wieweit die Theorie der Geschichte im modernen Geschichtsbewusstsein unser Leben auf ähnlich fragwürdige Weise prägt. Man denke nur an unser Fortschrittsbewusstsein. In den 80er Jahren habe ich als Programmstudienleiter im Ev. Studienwerk Villigst mit Studierenden aller Fächer die Schlussfolgerungen aus dem ökologischen Bewusstsein für alle Erkenntnis- und Lebensbereiche durchdacht. Dort spielte der Bezug auf die Kunst und später auf den Zen-Buddhismus eine zunehmende Rolle.

Wesentlich für ein reicheres Naturverständnis in den Wissenschaften wurde für mich die Biologie von Adolf Portmann. Über ihn ergab sich auch die sachliche Nähe zum Denken von Andreas Weber, den ich schon erwähnt habe. Von ihm erschien mit meinem Beiträgen über A. Portmann und die Malerei von P. Cézanne in einer Veröffentlichung zum Abschluss meiner Zeit als Leiter der Ev. Stadtakademie in Bochum ein Beitrag unter dem Titel. „Die Lehre des Lebens. Versuch einer Poetik der Natur". Dieser Sammelband weist im Titel auf einen Angelpunkt der Transformationsdebatte hin: „Weltentfremdung – Weltoffenheit. Alternativen der Moderne. Perspektiven aus Wissenschaft – Religion – Kunst (in der Reihe „Zeitansage", Bd. 3, Lit-Verlag 2008). Ich fühle mich mit diesem Ansatz inzwischen sehr bestätigt durch die Untersuchung von Hartmut Rosa: „Resonanz. Eine Soziologie der Weltbeziehung". Zu diesem Band, den ich als Summe der wichtigsten Beiträge zur Klärung unserer Gegenwartssituation heraus gegeben habe, haben u.a. der schon erwähnte Religionswissenschaftler Michael v. Brück, der Alttestamentler Jürgen Ebach, mein philosophischer Lehrer Dieter Jähnig oder der Literaturwissenschaftler Hartmut Böhme beigetragen. Letzterer hat u.a. mit seinem Bruder Gernot Böhme eine auf das ökologische Bewusstsein zielende „Kulturgeschichte der Elemente" unter dem Titel: „Feuer, Wasser, Erde, Luft" zur Diskussion gestellt (Becksche Reihe 2004).

In meiner beruflichen Existenz als Theologe und zeitweise als Pfarrer in der Ev. Melanchthongemeinde in Bochum habe ich versucht, von dieser Situationseinschätzung aus meine Predigten und Projekte zu gestalten. Mit der Gründung eines „Kulturraums Melanchthon" wurden literarische Lesungen, Theater, zeitgenössische Musik und bildende Kunst in ein für „Distanzierte" offenes Gemeindeleben einbezogen. Zuletzt konnte ich in der Ev. Stadtakademie mit diesem breiten Themenspektrum ein Programm für die Stadtöffentlichkeit gestalten.

Strukturverwandtschaften zwischen Kunst- und Quantenwelt?

So viel zu den Kontexten, in denen meine Beschäftigung mit der Kunst bisher situiert war und zum Zusammenhang, in dem dieser Vortrag im Symposion stand. Im Nachhinein ist für mich die Frage interessant geworden, welche Struktur-Verwandtschaften oder -Gegensätze die Kunst zur Welterkenntnis der modernen Physik haben könnte. Dazu kann ich hier natürlich nur einige Stichworte anbieten. Ein wesentlicher Unterschied besteht bei der Landschaftsmalerei darin, dass die Kunst keine evolutionäre Erklärungen und Ableitungen der Natur aus einfachen Gründen und Gesetzen bietet, sondern von der komplexen Wirklichkeit, die sich herausgebildet hat und in der wir leben, ausgeht und der sinnlichen Anschauung darbietet. Diese bildet sie in der Moderne nicht mehr ab, sondern möchte, wie Cézanne es sah, parallel zur Natur schaffen wie die Natur. Diese sinnlich-leibliche Anschauung wird in der Kunstbetrachtung zu einer denkenden Wahrnehmung, die alle Welt- und Lebenserfahrung einbezieht. Es kommt gerade darauf an, bei den Phänomenen, bei ihrer Verwunderlichkeit und Rätselhaftigkeit, ihrer Eindrücklichkeit und Fremdheit zu verweilen und sie nicht erklärend in Vorstellungen und Begriffe zu übersetzen. Die Kunst bietet keine Welterklärungen. Interpretationen können und sollen nur auf die einmalige Bildexistenz hin- und zurückführen, wie ich es versuche. Solche angestrebte Einmaligkeit ist es auch, für die es nach T. Görnitz kein Gesetz gibt. Es entstehen immer neue Konstellationen und Varianten. Die Naturwissenschaften generalisieren und müssen Abweichungen vernachlässigen.

Die Quantenphysik ist eine Physik der Möglichkeiten. Diese machen erstaunlicherweise den Grund der Welt aus. In einem solchen offenen Raum von Möglichkeiten „vor dem weißen Blatt" findet jede Bildfindung statt. Der weltberühmte Bildhauer Eduardo Chillida, von dem die Skulptur vor dem Kanzleramt zur Wiedervereinigung stammt, spricht von einer vagen Atmosphäre, die ihm eine erste Ganzheit suggeriert (Eduardo Chillida, Schriften, Richter-Verlag, Düsseldorf 2009). Sie wird bei ihm in einem auf sie achtenden Arbeitsprozess „faktisch" und zu einer bestimmten Gestalt eingegrenzt und abgewandelt. Dadurch gehen Möglichkeiten verloren, aber der eingeschlagene Weg schafft neue Konstellationen, auf die der Künstler kreativ eingehen kann. Diese sollen aber auch die anfängliche Offenheit und Unberechenbarkeit behalten und in ein unerschöpfliches Wechselspiel der malerischen oder skulpturalen Elemente einbringen. Ein solches Gebilde ist niemals nur ein gänzlich ausgeleuchtetes und durchkalkulierbares „Objekt".

In der Quantentheorie konkretisieren sich die überlagerten Möglichkeiten und Ambivalenzen zwischen Teilchen und Welle und manche Unschärfen erst in der Auswahl bestimmter Möglichkeiten durch eine Messung, worunter man schon jedes Zusammentreffen von masselosen Photonen mit einer Masse verstehen kann. Auf diese Weise werden die Möglichkeiten erst zu eindeutig definierten Fakten. Die Photonen sind Träger von Information und steuern die Lebensprozesse. Dass überhaupt die Information als eine maßgebliche Quelle der kosmischen Prozesse gesehen wird, macht ein eher „geistiges" Prinzip zur Voraussetzung von Energie und Materie. Es bedarf derer aber auch zu seiner Wirksamkeit. So verspricht die Entfaltung der Quantentheorie den Dualismus von Körper und Geist, Materie und bedeutsamer Information zu überwinden. Ein Anliegen, dem sich die Kunst der Moderne in allen Bereichen künstlerischer Aktivitäten vom Tanz bis zur Skulptur verschrieben hat. Sie sieht sich in einem Raum der Kommunikation und des Austausches im Werk selbst wie zwischen Werk und Betrachter.

Die Quantenwelt ist eine Welt der Beziehungen im kosmisch Größten wie im quantisch Kleinsten. Das Konstrukt einer linearen Kausalität musste relativiert werden. Die Tatsache der Quantelung als solche in den elementarsten Bereichen hat die Annahme eines durchgängigen Kontinuums erschüttert. Der Künstler Chillida z.B. bedenkt immer wieder, ob man von einem mathematisch definierten ausdehnungslosen Punkt ausgehen muss oder mit der darstellenden Kunst von einem ausgedehnten Punkt, also einem kleinstmöglichen Quantum, zu einer diskontinuierlichen Linie kommen kann. Es geht ihm dabei nicht nur um die Kunst, sondern um die Struktur des Kosmos.

Wie man weiß, hat die moderne Kunst nach Methoden gesucht, wie man die Voraussehbarkeit und Logik einer Bildkonstruktion unterlaufen kann. Ein Weg war das Zulassen des Zufalls, den es seit der Quantentheorie auch in der Grundstruktur unserer Welt geben soll. Ihre Fassung bei T. Görnitz führt einerseits zur Vereinheitlichung der Grundkräfte in der Physik, weist aber andererseits auf, dass durch Ausbildung von Unterschieden und deren Beziehungsmöglichkeiten wirklich Neues entstehen kann, wie es sich in der Evolution zu Gestirnen, zu organischem Leben und zu Bewusstsein am deutlichsten abzeichnet. Quantensysteme bilden Ganzheiten, die sich auch bei Teilung wieder zu Ganzheiten bilden. Worum ringt der Prozess der Bildwerdung mehr als mit jeweils verschiedenen Ausgangspunkten, Polaritäten, Brüchen sowie Fern- und Nahbeziehungen ein jeweils eigentümliches, durch deren Relationen gebildetes Ganzes zu schaffen. Einheit und Vielheit, Offenheit und Struktur qualifizieren sich wechselseitig in der Gleichzeitigkeit der Bildfläche. Dadurch entsteht ein lebendiges Ganzes, das sich wesentlich von einem durchgerechneten und durchfunktionalisierten Maschinenmodell unterscheidet.

Hingewiesen wird in meinem Beitrag darauf, dass die perspektivisch-mathematische Konstruktion des Raumes seit der Kunst der Renaissance Verwandtschaften zeigt zur Annahme eines absoluten Raumes in der klassischen Physik. Durch die Relativitätstheorie sind Raum und Zeit relativ auf die Energien, Massen und deren Bewegungen in ihnen. Sie bilden sich mit deren Entfaltung. Der Abschied von der Perspektive in der Malerei der klassischen Moderne führt u.a. dazu, dass sich der Flächenraum durch die Konstellationen und Beziehungen der Bildelemente erst aufbaut und modifiziert.

Auch die moderne Quantentheorie hat zu einer durch sie ermöglichten Kommunikationstechnologie geführt, die über den digitalen Datenraum unser Leben grundlegend verändert. Man beginnt erst zu bedenken, ob sie nicht auch – wie die bisherige Technologie – unsere bisherige Art zu leben grundlegend verändert und gefährdet. Ich möchte dazu nur einen wesentlichen Gesichtspunkt anführen. Es handelt sich um eine Technologie auf der Grundlage der Lichtgeschwindigkeit. Das bedeutet, dass Zeit und Raum, wie wir sie als leibliche Wesen erleben und in persönlichen Begegnungen und Kommunikationen „life" praktizieren, sich von diesen Lebensbedingungen lösen. Im Extremfall sitzen wir bald die meisten Zeit unseres Lebens vor einem Bildschirm oder bewegen uns in einem Datenraum, der uns alle Welt mit Lichtgeschwindigkeit präsentiert. Die Kunst ist bis hin zur Architektur dagegen bisher eine Art der Zeit- und Raum-Gestaltung und der „Aufführung" in leiblich anschaulicher Präsenz und für diese gewesen. Die Hinwendung zur „Erde" müsste auch diese Lebenswirklichkeit fördern und ausgestalten, statt sie zu unterlaufen.

Landschaftsmalerei –
Korrektiv moderner Naturentfremdung

Lorrain | Turner
Friedrich | Feininger
Monet | v. Gogh

Zusammenfassung: *Geht man von der Trennung von Subjekt- und Objektwelt in der Grundlegung unserer Neuzeit und in der Naturwissenschaft aus, so scheint die Landschaftsmalerei ein Korrektiv zu bilden. In ihr wird der Mensch im Kontext der Natur gesehen. Aber wie, das ist die Frage, die für die genannten Künstler sehr unterschiedlich zu beantworten ist. Ist nicht auch der ästhetische Betrachterstandpunkt gegenüber einer Landschaft eine Art der Distanzierung von der Natur? Gegenüber einer wissenschaftlichen Objektivierung der Natur und ihrer technischen Nutzbarkeit bieten sie jedoch alle ein anschauliches und beeindruckendes Korrektiv.*

Meine Leben und Denken prägende Erfahrung von Landschaft verbindet sich mit einem Aufenthalt in der Kulturlandschaft der Toscana. 1968 mit 25 Jahren, fuhr ich erstmals nach Florenz. Allein, ohne Sprachkenntnisse, ohne Gesprächspartner in der Kunststadt der Renaissance. Eine nie gekannte Intensität des Erlebens. Auf einem Spaziergang von Fiesole nach Settingiano ergriff mich eine umstürzende Welterfahrung. Ich habe sie damals in folgende Worte gefasst:

„1969. In der Toscana, Ankunft in der Mittagsstunde, allein auf dem Marktplatz des Ortes (Fiesole) und dann auf der Straße unter den Häusern und über den Olivenäckern, entlang der Hügelgrenze. Eine Stille wie ein Summen von Bienen in Distelfeldern. Bald draußen im gebauten

Land – die Mauern halb im durchlichteten Schatten der Ölbäume. – Hin und wieder ein ‚römisches' Gehöft in riesigen ummauerten Hainen auf einer Kuppe, einzelne Töne von Tätigkeiten im Haus, Schimpfen, von abseits der Straße. Da überkommt es dich, plötzlich, im Flimmern der Ölbäume: ein anderes Dasein, überhaupt ein Dasein. Nur noch diese Welt; nicht mehr bei dir; draußen, entrückt den Schemen deiner Bewusstseinswelten."

Eine Gegenszene bildete ein Plattencover, auf dem eine leere und wesenlose Straßenödnis in platter Landschaft abgebildet war: „ein leichter Schrecken unter endlos bewölktem Himmel – an niemanden gerichtet", schrieb ich damals: „ortlos, loneliness". Für mich Inbegriff aggressiv neutraler Räume, wie sie die Moderne prägen können.

Petrarca – Wendung zum Subjekt angesichts der Erdlandschaft

Wenn man von Landschaft als einer eigenständigen Erfahrung handelt, geht man häufig auf Francesco Petrarcas (1304 – 1374) Besteigung des Mont Ventoux am 26. April 1335 in der Provence zurück. So auch Joachim Ritter, dem wir einen maßgeblichen Essay über „Landschaft" mit dem Untertitel: „Zur Funktion des Ästhetischen in der modernen Gesellschaft" verdanken. Er ist in einem Sammelband unter dem Titel „Subjektivität" erschienen. Damit ist schon angedeutet, dass die ästhetische Würdigung der Landschaft für ihn in die Geschichte der Herausbildung autonomer, von der Natur emanzipierter Subjektwerdung des Menschen in unserer Neuzeit gehört. Der ästhetisch genießende Blick setzt auch eine Distanzierung von der lebensweltlich erfahrenen, bearbeiteten und genutzten Natur voraus. Petrarca wundert sich selbst darüber, dass er „einzig getrieben von der Begierde, die ungewöhnliche Höhe eines Ortes in unmittelbarer Anschauung kennen zu lernen" diesen beschwerlichen Aufstieg unternimmt (Ritter, S. 141). Interessant ist, dass ihn das Versprechen eines weiten Überblicks hinauftreibt (ebd.). Ein Interesse, das bis heute unsere Epoche in allen Bereichen prägt.

Auch lässt sich daran denken, dass hier ein Mensch sich auf dem höchsten Gipfel über der Erde fühlen möchte. Bei Petrarca tritt die bisherige lebensweltliche Naturerfahrung in Gestalt eines Hirten auf, der selbst einmal dort oben war und nur mit Reue an die Mühen und die zerrissenen Kleider zu denken vermag. Für ihn ist die bewohnte Welt maßgeblich, worin der Raum der Natur selbstverständliche Basis, Nahrungsquelle und Ort mühsamer Auseinandersetzung im Horizont ihrer Nutzung ist.

Petrarca ist zwar tief berührt von der Erhabenheit und Schönheit des Ausblicks, nimmt ihn aber dann zum Anlass, über das Menschenleben überhaupt nachzudenken. Tief getroffen wird er von einer Stelle aus Augustins Confessiones, die er immer bei sich trägt. Dort liest er: „Die Menschen gehen hin und sehen staunend die Gipfel der Berge und die Fluten des Meeres ohne Grenzen … und die Kreisbahnen der Gestirne, aber sie haben so nicht acht ihrer selbst" (zit. Ritter, S. 143).

Dieses erhabene Erlebnis wird ihm auf dem Rückweg schon zum Anlass, das „innere Auge allein nach dem eigenen Inneren" zu richten (ebd.). Petrarca gilt als einer der ersten Zeugen, die die Konzentration auf den Menschen als Subjekt vollziehen (Renaissance). Ihm wird die Höhe des Berges zu einer kümmerlichen Vergleichsgröße zur „Höhe, welche die Betrachtung des Menschen zu erreichen vermag" (Ritter, S. 143). Hier erscheint schon die Erfahrungs- und Denkfigur, in der die Erhabenheit der Größe und Weite der Natur zu Beginn der englischen Romantik und bei Kant vor und um 1800 – nun in Landschaftsbildern – gedeutet wird.

Letztlich geht es darin um ein Selbsterlebnis des empfindenden und der Natur weit überlegenen Subjekts. Was Ritter ein nur ästhetisches Erleben aus der Distanz zur Natur nennt. Die Natur wird überhaupt erst als Ganze dem Menschen gegenübergestellt. Und dies parallel zur neuzeitlichen Naturwissenschaft, die die Natur unabhängig von aller sinnlichen und lebensweltlichen Erfahrung „objektiv" vergegenständlichen will.

Das Ganze der Welt realisieren

Nur, was ist es, was der betrachtende Mensch in der Landschaftserfahrung realisiert? Was ihn über den besonderen Anblick erhebt? Es ist schon bei Petrarca seine Fähigkeit, im einzelnen Anblick das Ganze der Welt zu realisieren. Das Ganze meint nicht alles Gegebene, sondern das, was der Welt ihre Einheit, ihr Zusammengehören verleiht. Dies ist selber unsichtbar. Im Raum der Metaphysik und Theologie wäre es letztlich der einigende göttliche Ursprung. Auch wenn die Landschaftsmalerei ohne Menschen auskommt oder sie nur als Staffage, wie man gerne sagt, hineinsetzt, wird doch immer die Stellung des Menschen in der (sinnlich erscheinenden) Welt mit geklärt und sei es nur im Verhältnis des Betrachters zum Bild.

Wie sich gezeigt hat, wurde dieses Ganze für Petrarca in Anlehnung an Augustin als eine überweltliche, nur in der Abwendung von der diesseitigen Weltverhaftung in Gott schaubare Größe verstanden. Schaubar im Sinne eines Überstiegs der „Seele vom Körperlichen zum Unkörperlichen in der Zuwendung des Selbst zu Gott, freie Betrachtung der Natur als innerliche Bewegung der Seele, die auf das selige Leben gerichtet ist" (Ritter, S. 144). Bis heute gibt es viele Menschen, die sich Gott in der Natur näher fühlen als in den Kirchen. Meist in einer Naturstimmung, weniger durch konkrete Gegebenheiten.

Die Landschaftsmalerei hat eine große Nähe zum Phänomen der Stimmungen und damit zur Erfahrung einer Vereinheitlichung des Gegebenen in einer Gesamtatmosphäre, wie wir noch sehen werden. In der Tat bleibt die Auffassung des Landschaftsbildes, dass es ein (wie auch immer gedachtes) Ganzes des Lebens in den Grenzen eines Weltausschnittes zu realisieren habe, Grundzug der Malerei bis zum Ende des Barock und in verwandelter Weise sogar noch bis in die Anfänge der Moderne bei Cézanne (u.a). Nur wie dieses Ganze erfahren, dargestellt und gedeutet wird, macht große Unterschiede: sei es als inneres Seelenerlebnis, als Überstieg über die Welt der Erscheinungen in eine Welttranszendenz oder als Inkarnation in der Welt der Phänomene. Dies möchte ich an den von mir gewählten Paarbildungen von Künstlern aus verschiedenen Epochen oder mit verschiedenen Einstellungen zeigen: Lorrain | Turner · Friedrich | Feininger · Monet | van Gogh. Überspringen werde ich die holländische Landschaftsmalerei, an die wir vermutlich zuerst denken werden.

Meine Italienerfahrung hatte im Gegensatz zu der Petrarcas ja die Pointe, dass ich mich aus meinen Bewusstseinswelten herausgeworfen fühlte in eine äußerst intensive Weltbeziehung – und diese als meinen Lebensort erfuhr. Auch war es kein ästhetisch-distanziertes Betrachter-Erlebnis – ich schaute dabei gar nicht ausdrücklich alles an – , sondern ein In-der-Welt-sein, das mich und das da Draußen, die Zeichen menschlicher Gegenwart, die Bauten und Äcker, die Schönheiten der Natur, die Hitze der Sonne in ein erstauntes und jubelndes Daseinsgefühl zusammenführte. Ich war zur Welt gekommen: geboren. Die Natur und die Art ihrer menschlichen Gestaltung stand mir nicht mehr als Objektbereich der Anschauung oder der Erkenntnis gegenüber, sondern enthüllte sich in ihrer Bedeutsamkeit für ein menschliches Dasein auf, in und mit dieser Erde.

Einklammerung der Anschauungs- und Erfahrungs-Welt – Überspringen der Erdwirklichkeit

Dieser Erfahrungsraum, der uns in unserem Daseinsvollzug eröffnet wird, ist es, der seit Galilei und, philosophisch ausgearbeitet, seit Descartes als unzuverlässige, ungesicherte, irrtumsanfällige, von den Sinnen getrübte, nur subjektive Erscheinungs-Welt eingeklammert wird, um die Natur, in ihren überall geltenden Gesetzen und Strukturen (wie sie für sich, objektiv betrachtet, sei), zu thematisieren und zu erforschen. Ich nenne das gerne ein „Überspringen der Erdwirklichkeit" (als unserem Lebensraum) schon im Ansatz neuzeitlicher Natur- und Subjektauffassung. Insofern auch das Subjekt als weltlose Selbstbezüglichkeit entworfen wird.

In der Tat kann man es mit J. Ritter so sehen, dass die in der Neuzeit gleichzeitig aufkommende Landschaftsmalerei eine Art Korrektiv oder Kompensation der Folgen einer gesetzlich-mechanischen Naturauffassung sei. Ich meine jedoch, dass die bedeutende Landschaftsmalerei der italischen, der holländischen und zuletzt französischen Tradition mehr sein kann und will: nämlich das jeweilige Angebot eines anderen Welt-(Natur-)Verhältnisses, das den sinnlich-geistigen Menschen und die erscheinende Natur in einem ursprünglichen Wechselverhältnis sieht. Angesichts moderner Naturentfremdung und mit dem Aufkommen einer ökologischen Deutung unserer Erdwirklichkeit lässt sich dies vielleicht erst wieder in seiner geschichtlichen Relevanz entdecken und aufnehmen.

Lorrain | Turner

Landschaft als Welt-Bau bei Claude Lorrain

Meine besondere Vorliebe für die gebauten Landschaften Norditaliens, teile ich mit einer wesentlichen Ausprägung der neuzeitlichen Landschaftsmalerei. Nämlich der vom Italienerlebnis angeregten Malerei der Franzosen Lorrain und Poussin (u.a.). Hier konnte eine gebaute Landschaft (das Motiv) mit dem Problem und der Aufgabe eines Bild-Baus besonders einleuchtend zusammenstimmen. Der Bild-Bau realisiert (bis zum Ende des Barock) den Welt-Bau (das Welt-Gefüge). So konnte in den spezifischen Charakteristika dieser italisch-antiken Kulturlandschaft zugleich das Ganze, wie es sich in der Korrelation von Kultur (Geschichte) und Natur darstellt, vergegenwärtigt werden. Und in der konstellativen Bildeinheit die Präsenz des Göttlichen, als dem Einigenden, in der Vielheit der Welt verherrlicht werden.

Der vielleicht berühmteste Maler dieser Landschaften war Claude Lorrain (Gillée). Ein aus armen Verhältnissen stammender Franzose aus Lothringen, der die längste Zeit seines Lebens in Italien gewirkt hat. Er lebte von 1600 – 1682, also in der Hochzeit des Barock. Von dessen beredtem, aufreizenden, dynamischen und macht-repräsentativen Gestus wird man in seinen Bildern jedoch wenig finden. Er schafft eher sehr stille, ausgeglichene, nobel-zurückhaltende Szenarien.

Wie überhaupt die Landschaftsmalerei als eigene Gattung auch in Holland als Gegenbewegung zur theatralischen Inszenierung religiöser oder politisch-historischer Herrschaftssujets gesehen werden kann. Sie war und blieb wenig anerkannt, weil sie diese großen heroischen Themen einer mythologisierenden „Historienmalerei" nicht ins Zentrum rückte.

Das Bild von Claude Lorrain, von dem ich ausgehen möchte, trägt den Titel: „Landschaft mit der Vertreibung von Hagar und Ismael" (Abb. 1). Es greift eine biblischen Szene auf. Die Frage ist nur wie? Wie man sehen kann: höchst zurückhaltend und individuell persönlich. Eingebettet in ein weites Landschaftsszenario. Das Gemälde stammt aus dem Jahr 1668. Der Blick wird zuerst und zentral aus einer dunkleren Zone in einen helleren Hintergrund mit diesiger Sonnenscheibe in einem leicht bewölkten Himmel gelenkt. Dieser Himmel nimmt mehr

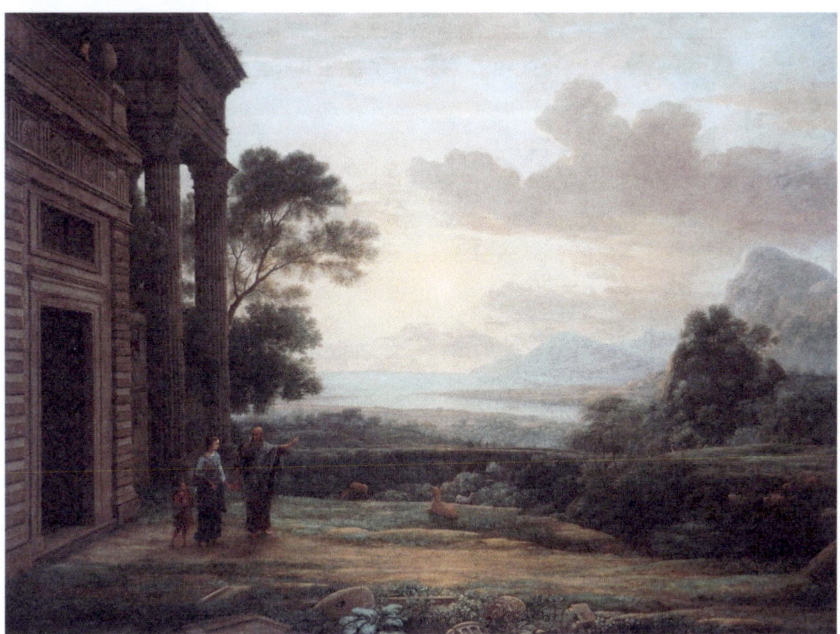

Abb. 1: Claude Lorrain, Landschaft mit der Vertreibung von Hagar und Ismael, 1668

als die Hälfte der Bildhöhe ein. Vor ihm breitet sich eine Landschaft aus, in der wesentliche Dimensionen der Natur auf ansprechende Weise in sehr zurückhaltenden Farben zusammen komponiert sind. Man spricht deshalb auch von idealen Landschaften. Es geht also nicht nur um einen realistischen Wirklichkeitsausschnitt, sondern um ein sinnfälliges Ganzes von Weltelementen und Bezügen.

Betrachtet man zunächst nur das Landschaftliche vom Hintergrund aus, so erscheint eine leicht bläuliche Zone, die Meer und Berge in eine atmosphärische Ferne entrückt, ja entmaterialisiert. Sie spielt noch als ein bläulicher Schleier in die Uferzone hinein und färbt auch die ins Meer ragende Landzunge ein. Die Ferne wird durch eine Aufhellung und leichte Verschleierung der Farben, mit der sog. Luftperspektive, realisiert. Stärker und dunkler akzentuiert bildet sich ein Übergang zu einem mittleren Nahbereich, der durch herrliche Bäume und übergehend in den nähergerückten steilen Berg am rechten Bildrand auf beiden Seiten begrenzt wird. Sie durchzieht über die Horizontlinie den ganzen Bildraum. Diese beiden Zonen werden durch einen horizontal verlaufenden Erdwall von der Binnenwelt im Vordergrund abgegrenzt. Diese ist selber eine Welt für sich. Es bildet sich ein Tal, vermutlich von einem Bachverlauf. Weide- und Wildtiere sind anmutig locker im Areal verstreut. Wenn man sich in die Fernen einsieht, in der sie sich zum Vordergrund befinden, so kann es einem fast so vorkommen, als wären sie weiter entfernt als die Hintergrundslandschaft und der Himmel. Was bedeuten würde, dass der Hintergrund der Bildoberfläche eher angenähert wird, bestätigt durch das rahmenparallele Himmelsfenster. Vor dem Wall beginnt die Nahwelt der Menschen. Ein Weg durchzieht den ganzen Bildraum parallel zum Horizont und zur Grundlinie, ausgehend von dem riesigen, die ganze Bildhöhe durchmessenden Renaissancegebäude und römisch-antiken Tempelsäulen. Vor dem Weg, noch ins Bild ragend, antike Ruinenreste. Erinnerung an den menschlichen Raum der Geschichte in seiner Vergänglichkeit. Man könnte meinen, die Zeitdimensionen werden in räumlicher Gleichzeitigkeit eingespielt. Die besondere Möglichkeit einer Bild-Welt ist ja die Gleichzeitigkeit aller Dimensionen der Welt.

Warum habe ich diese Zonen so betont? Weil sie eine bildnerische Entscheidung darstellen, dem Tiefensog der Perspektive, die seit der Renaissance maßgeblich den Bildaufbau bestimmt und den Reiz der Ferne einbringt, entgegenzuwirken. Auch das Ferne wird so in die Bildfläche zurückgebunden und erscheint im Gegenzug zu ihrer Unendlichkeitssuggestion als zugehöriger (aber entzogener) Teil unserer sichtbaren Welt. Man könnte von „Plänen" sprechen, die wie Leinwände hintereinander gestaffelt werden. Übrigens eine Methode, die Cézanne zur Überwindung der Perspektive ebenfalls anwendet und wohl bei seinem Lieblingsmaler Poussin, dem Freund von Lorrain, gesehen hat. Man muss sich dazu vergegenwärtigen, dass die Perspektive das Bild auf den Blick des Betrachters zurichtet und die Raumordnung auf seinen außerhalb liegenden Standpunkt ausrichtet. Eine flächenparallele Organisation verstärkt das Eigenleben des Bildes: die Bildimmanenz des Dargestellten. Wir stehen einer in sich selbst spielenden Bild-Welt gegenüber. Das ganze Bild erscheint wie entrückt. Der Vordergrund geht nicht in unseren Betrachterraum über.

Besonders auffällig ist deshalb, dass die ausdrücklich formulierte Linearperspektive von dem menschlichen Gebäude ausgeht, das den linken Bildrand gänzlich abgrenzt, nicht ohne eine uneinsichtige Türöffnungen zu lassen. Verlängert man die Grund- und Dachlinie so treffen sie in der Sonne zusammen. Ein hervorgehobener Sonnenstrahl teilt das Bild in fast gleiche Hälften und reicht bis in den unmittelbaren Vordergrund. Hier herrscht eine streng geometrische Bildstruktur. Grundmerkmal menschlicher und göttlicher Vernunftordnung. Deshalb wirkt es aber um so schöner und befreiender, wie die Einschwingungen der Naturlandschaft (von der rechten Bildecke aus) diese perspektivisch strenge Mathematik umspielen, den Tiefensog ins Horizontale erden und die „Pläne" aufbauen und zugleich schwingend verbinden. Die Naturraum wird im Gegensatz zur strengen Geometrie menschlicher Werke mit freien, offenen, schwingenden Formen und Ausblicken dargestellt. So wie die freie, lichte Ordnung des großen Baumes sich von der Strenge und verschlossen geometrischen Ordnung des Palastes abhebt. Beides jedoch bleibt einander zugeordnet, in einer Kontrast-

Harmonie sich wechselseitig bestärkend. Es verwundert wohl nicht, dass Lorrain zum Vorbild für den englischen Landschaftspark mit seiner Verbindung von menschlichen Bauten und malerisch frei komponierten offenen Landschaften geworden ist. Dagegen entspricht der zeitgemäße barocke Garten eher dem Naturzugang der aufkommenden Naturwissenschaften, indem er die Natur einer strengen geometrisch-mathematischen Ordnung unterwirft und so durchgängig zu beherrschen sucht. Man suchte bewusst Pflanzenarten aus, die sich immer wieder in die geometrische Grundform zurückschneiden ließen.

Aber auch diese freier gebaute Bildwelt wird bewusst und streng begrenzt und in sich gegliedert zu den Seiten und in der Ferne durch die Bergkette (u.a.). Nur der durchleuchtete Himmel lässt eine diffus unbestimmte Grenze entstehen, in der die Sonne und ihr Licht leicht diesig verschwimmen. Von dort her drängen aber die Wolken im Gegenzug zum Vordergrund ins Bild herein. Es ist eine entschieden endliche Welt, Das gilt auch von der Sonne und ihrem Licht. Sie wäre am ehesten das Symbol des Göttlichen. Lorrain gibt sie aber als irdische Lichtquelle, die ihre sichtbaren Strahlen in alle Bildrichtungen schickt und damit an der perspektivischen Ordnung der Welt mitwirkt. Aber fast unabhängig von dieser abgegrenzten Strahlung und ihrem lichten Herkunftsort erfüllt den ganzen Bildraum eine feine, fast staubige Lichtatmosphäre. Sie hat eine gegenstandslose Allpräsenz, modelliert sich aber dennoch mit dem Charakter des Dargestellten. Beides zusammen lässt die Gegenwart des Göttlichen, die Einheit in der Vielfalt, in dieser Bild-Welt erscheinen. Sie verkörpert sich in ihr, statt nur über sie hinaus zu weisen. Transparenz statt Transzendenz.

Wie es ihm gelingt, eine solche Atmosphäre in der Verschiedenheit der Farben und Abtönungen im Spiel mit sanften Schattenzonen allgegenwärtig zu verbreiten, das hat wohl seinen Ruhm mit begründet. Das Licht liegt nicht nur auf den Dingen dieser Welt, sondern es vermählt sich mit ihnen, verwandelt sich in ihnen, dämmert aus ihnen hervor. Und in dieser Hochzeit von Licht und Erde bildet sich eine Vereinigung des Unterschiedlichen in einer vielfach getönten, aber gemeinsamen Atmosphäre.

Atmosphäre und Gesamtstimmung sind wesentliche Züge der Landschaftsmalerei. Sie geben uns ja das Rätsel auf, dass sie einen ganzen Raum einzustimmen vermögen. So, als ob sie über den Dingen zu schweben schienen. Weshalb sie meist als ein bloß subjektives Empfinden gedeutet werden. Aber dennoch werden sie zugleich – wie hier bei Lorrain – von dem jeweiligen Ensemble der Dinge in ihrem besonderen Charakter heraufbeschworen. In ihr begegnen sich menschliches Empfinden und landschaftliche Zusammenklänge der Natur auf eine ergreifende Weise. Eine sehr subjektive Empfindung und dennoch eingestimmt durch das Gesehene. Sie wirken wie ein Medium zwischen unserem zusammenfügenden, Ganzheiten bildenden (strukturierenden) Geist und der Diversität der Weltdinge. Und bringen beide Seiten zum Einklang. Bei Lorrain gibt es noch nicht die ganz innerlich-subjektive Stimmung der Romantik, wie wir sie bei C.D. Friedrich realisiert finden.

Wie aber sind die Menschen in diese Erdwelt eingebaut. Dieser Raum der Welt überragt sie bei Weitem. Die Gruppe mit Abraham, Hagar und ihrem Sohn Ismael verschwindet fast im dunkleren Vordergrund. Sie überragen knapp den Grenzwall ihrer Nahwelt, aber bleiben weit unter dem Horizont. Sie sind ein maßgerecht eingebundener Teil dieses größeren Ganzen, überragt von dessen großartiger Höhe, Tiefe und Weite. Aber in Bezug auf die Geometrie des Bildes stehen sie an entscheidender Stelle. Zwischen der die Senkrechte bildenden Hauswand und der Waagerechten des Weges, am Kreuzpunkt der Grundrichtungen eines Bildes. Hier jedoch an die Seite gerückt, damit die Strecke des aus dem Bild herausführenden Weges freigegeben werden kann. Sie sind aus dem Haus hinaus ins Freie getreten.

Abraham überreicht der mit gesenktem Blick dastehenden Hagar Brot und Wasser als Wegzehrung und weist sie mit ihrem Kind aus dem Bildfeld hinaus. Seine eifersüchtige Ehefrau Sarah hat darauf bestanden. Sie beäugt ganz oben versteckt das Geschehen. Eine für Menschen typische Tragödie von Übertretung, Missgunst und Eifersucht. Wie viele biblische Geschichten archetypische Szenen aus einem persönlich-familiären Umkreis. Hier aber ohne Dramatik, fast würdig dargestellt. – Wenn man sich mit dieser wunderbaren Parklandschaft angefreundet hat, dann kann man vielleicht den Schmerz empfinden, aus dieser bewohnten Welt ins Ungewisse, in die Wüste, gewiesen zu werden. Aber wer den biblischen Text kennt, weiß, dass Gott der Hagar auch in der Wüste noch beisteht. Zu diesem Neuanfang hat Lorrain noch ein zweites Gemälde gemalt.

In einer Epoche, in der die Newtonsche Physik einen von den Dingen abstrahierbaren absoluten Raum und eine absolute Zeit postuliert und die Philosophie der objektiv distanzierten Natur ein weltunabhängiges Subjekt gegenüberstellt, baut Lorrain eine Bild-Welt, in der unsere Erde als erlebte und gebaute Wohnstatt mit dem Schicksal des Menschlichen in eine komplementäre Beziehung gebracht wird. Himmel und Erde, vergangene Geschichte, typisch menschliche Dramen und die ungewisse Zukunft jenseits der Bildwelt (Vertreibung) werden mit gleichgewichtigen Anteilen in der einen Gegenwart des Bildes zusammengeführt. Die Bild-Welt manifestiert das Welt-Gefüge als den Raum und die Zeit unserer Existenz (nicht nur eine bestimmte Situation). Die Ruhe und Freundlichkeit seiner Gemälde bildet eine Gegenwelt zur barocken Dynamik, zu deren machtvoller Repräsentation weltlicher und geistlicher Herrschaft und zur naturbezwingenden Geometrie barocker Gärten.

Der Mensch hat seine höchste Existenzweise nicht nur in großartigen Palästen und monumentalen Szenen der Geschichte, sondern im Raum der Elemente zwischen dem irdischen Himmel und einer mitgestalteten, durch menschliche Bearbeitung vervollkommneten Erde. Die Welt des Menschen und der Natur sind voneinander unterschieden, können aber in einer wohltuenden Kontrastharmonie aufeinander bezogen sein und sich wechselseitig durchdringen. Die Erde unter dem Himmel ist ausgebaut zur Wohnstatt der Menschen. Über allem eine flimmernde Lichtatmosphäre, die durch das, was sie bescheint, modifiziert wird, aber dennoch alles in einer schwebenden Atmosphäre verbindet. Die Gegenwart des göttlich Einen und Ganzen in der Vielfalt der Welt.

Bild-Bau versus Bild-Dynamik

Lorrain : Turner

Ich möchte nun diesen Bildtypus Lorrains mit einem Maler der Moderne konfrontieren, der Lorrain ausgiebig studiert und kopiert hat und dennoch – wie wir sehen werden – in ähnlichen Motiven eine andere Welterfahrung veranschaulicht. Ich meine William Turner, der von 1775 – 1851 im Zeitalter der Französischen Revolution und der heraufziehenden Industriegesellschaft gelebt hat. Er hat die technisch-industrielle Revolution seiner Zeit schon früh wahrgenommen, war mit Naturwissenschaftlern bekannt und befreundet (Faraday z. B.) und hat als Mitglied der Royal Academy viele Vorträge zur zeitgenössischen Wissenschaftsentwicklung verfolgt (Wagner, S. 103 u.a.). Auch in seine Bildwelt sind industrielle Fertigungsprozesse, Industrielandschaften, Dampfschiffe und Eisenbahnen eingegangen (Wagner, S. 59ff; S. 25f). Aber es sind nicht nur solche Motive, die seine Nähe zum technischen Zeitalter zeigen, sondern es ist seine ganze Wirklichkeitsauffassung, die dem naturwissenschaftlichen Weltentwurf entspricht, ihn aber auch immanent korrigiert. Das möchte ich im folgenden an drei Gemälden zeigen.

Die damals wenig anerkannte Landschaftsmalerei, für die er am Ende als Vorläufer der Impressionisten und der abstrahierenden Moderne gewürdigt wird, bringt er sich im Selbststudium bei. Er ist zugleich ein agiler Selbstvermarktungsstratege und Geschäftsmann. Er fährt als einer der ersten Touristen durch ganz Europa, am liebsten mit der Eisenbahn und den aufkommenden Dampfschiffen. Aber nicht nur solche typisch modernen Verhaltensweisen oder die Modernität seiner Themen, sondern die Frage, wie diese Modernität sich in seiner Malweise und Bildauffassung niederschlägt, soll uns primär beschäftigen.
In einem Vergleich zu einem Gemälde von Lorrain lassen sich einige grundlegende Veränderungen beobachten. Das Gemälde von Lorrain von 1648 trägt den Titel: „Einschiffung der Königin von Saba". Das

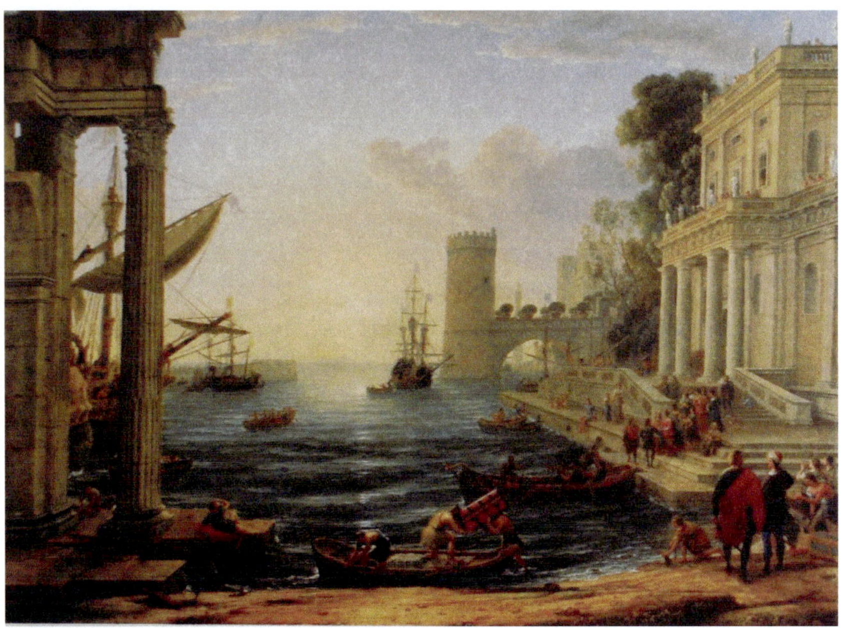

Abb. 2: Claude Lorrain, Einschiffung der Königin von Saba, 1648

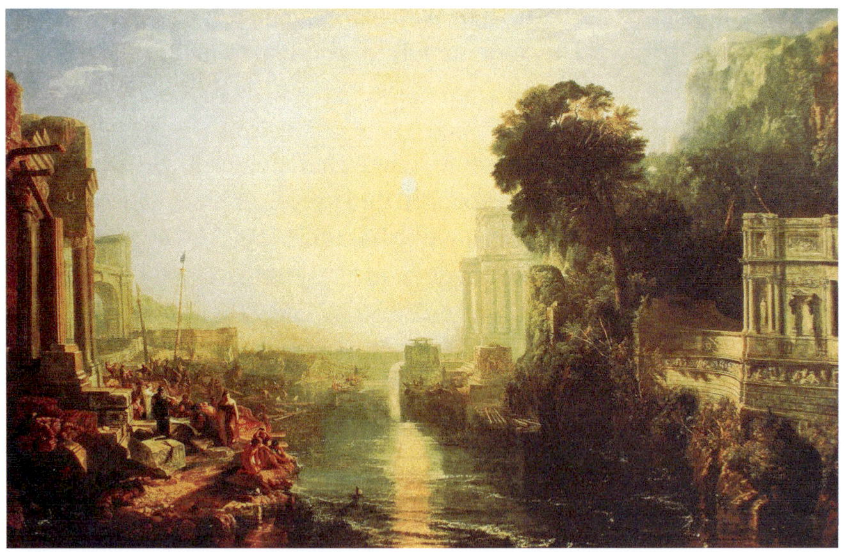

Abb. 3: William Turner, Dido erbaut Karthago, 1815

Gemälde von Turner von 1815: „Dido erbaut Karthago" (Abb. 2 und Abb. 3, S. 30). Man wird Verwandtschaften und Unterschiede schon beim ersten Zugang wahrnehmen. Die offensichtliche Verwandtschaft in der Bedeutung der Architektur für das Bild-Gefüge, ihr Gegensatz zur Offenheit von Wasser und Himmel sowie zur freien Gestaltung der Bäume. Im Zentrum die Sonne mit ihrer alles bestrahlenden Lichtfülle. Darin die betrachtenden und tätigen Menschen.

Aber zugleich werden wesentliche Unterschiede auffallen. Die Menschen werden nicht mehr als gleichwertige, immer individuell platzierte Mitgestalter der Bildarchitektur gegeben, sondern bilden eine unbestimmte, summarisch gegebene Menge im Flutlicht. Finden wir bei Lorrain wieder die uns schon bekannte begrenzende Fügung der ganzen Bildfläche und die Zurückhaltung der Farbgebung, so nimmt man bei Turner eine ungeheure Dynamisierung sowohl im Raum wie in der Farbintensität und in der Lichtführung wahr. Die Farben werden übergängig verschmiert und verlieren ihre lokale, die Dinge kennzeichnende Begrenzung.

Schließt Lorrain die Bildfläche durch Begrenzungen nach vorn und nach hinten, sowie zu den Seiten entschieden ab, so öffnet Turner den Bildraum dynamisch in allen Richtungen. Dem dient sowohl die Verbreiterung des Formats wie die Verkleinerung der Gebäude, Menschen und Schiffe. Zu den Seiten öffnet Turner den Bildraum ausdrücklich durch die liegende Säule links vorne und die ausschwingende Gebäudewand rechts. Am auffälligsten nach vorne auf den Betrachter zu. Das begrenzende Ufer fällt weg. Das Gewässer fließt aus dem Bild heraus. Dem Betrachter wird nicht mehr ein frontales, auf der Erde platziertes Gegenüber angewiesen, sondern er blickt freischwebend aus einer unbestimmten Höhe auf das Geschehen. Das Bild ist kein in sich geschlossener Kosmos mehr; es öffnet sich für eine überlegene Übersichtsposition in dynamischer Bewegung sowohl in die Tiefe wie uns entgegen. Die Gebäude folgen der Fluchtlinie und bilden nicht mehr eine oberflächengebundene Stabilisierung der Bildfläche nach oben und unten. Auf der linken Seite dominiert die Tiefendynamik, auf der rechten kommt sie uns entgegen. Am linken Ufer entfaltet sich eine geschäftige Bauaktivität, wohl gedacht als Manifestation der eigenen Gegenwart. Rechts erinnern menschenleere, von der Natur eroberte antike Bauten und Grotten an vergangene Zeiten. Diese zwei Zeitdimensionen werden so ausdrücklich auseinander gehalten, wie das beginnende Zeitalter des historischen Bewusstseins es tut. Die glorreiche Zukunft öffnet sich zu einem gleißenden Lichthof in der Tiefe des Bildes. Das Bild entfaltet sowohl eine prozesshafte Raum- und Bewegungs- sowie Zeitdynamik.

Interessanterweise führt Turner die Perspektivlinien nicht mehr auf die Sonne zu. Vielmehr konvergieren sie in einem Brückenbogen im lichten Hintergrund. Der unendliche Fluchtpunkt gehört nun zur irdischen Wirklichkeit ins Unabsehbare entschwindend. Die Sonne dient so nicht mehr wie bei Lorrain der Stabilisierung der (irdischen) Bildwelt, sondern überragt die Aktionswelt der Menschen. Vor allem aber tritt sie aus der zurückhaltenden indirekten Zwielichtigkeit bei Lorrain heraus und wird als ein alles bestimmender Leuchtpunkt herausgehoben. Erscheint das Licht bei Lorrain wie ein eigenes fast kühles Luft-Leucht-Element, das zugleich von den Dingen und den Lokalfarben in verschiedener Tönung auszugehen scheint, überstrahlt es bei Turner alle Bereiche und färbt sie gelblich ein. Er versucht das Licht und seine irdisch verstandene Quelle „gegenständlich" (nicht nur in seinen Wirkungen) zu fassen. Seine Idee war es, „das Licht selbst zu malen, unabhängig von den Gegenständen, auf die es scheint", um damit die „Impression einer universellen Verbindung der Dinge besser auszudrücken" (Wagner, S. 120). Diese übergreift und integriert das Einzelne und Dinghafte in einem nicht mehr dinglich verwirklichten Baugefüge. Das Einigende legt sich darüber. Eine universelle Energie liegt hinter den Dingen. Er versteht sie als sichtbar zu machendes Medium (Fluidum). Bei Turner manifestiert sich die Einheit des Raumes aber auch nicht in der abstrakten Leere eines absoluten Raumes, sondern in einem alles durchwaltenden dynamischen Lichtäther, den auch die zeitgenössische Naturwissenschaft annahm. Turner liebt die Vermischung von Licht und Erde in seinem typischen Braun-Gold-Tönen.

Was bedeutet dies alles für den Wandel der Welterfahrung? Die vorgetragenen Beobachtungen lassen ja schon dominante Züge erkennen. Die endliche begrenzte Bild-Welt bei Lorrain öffnet sich in alle Richtungen ins Offene. Die Perspektive dient der Dynamisierung und Entgrenzung ins unbestimmt Unendliche. Der Dynamisierung des Raumes und seiner Bewohner korrespondiert eine prozesshafte Dynamisierung der Zeit. Turner war ein Lehrer der Perspektive und wusste genau, was er damit tat. So werden die sichtbaren Dinge dieser dynamischen Entgrenzung untergeordnet und in sie hineingezogen. Das alles überflutende Licht, das von der überirdisch gleißenden Sonne ausgeht, färbt sie alle in eine bestimmte atmosphärische Tönung ein. Eine immaterielle Lichtstrahlung wird zum Hauptakteur der Bildwelt. Sie lässt die Vielfalt der Dinge erscheinen, manifestiert sich als deren Quelle und zugrundeliegende Vereinigung. Turner deutet sie schon als eine Strahlungsenergie, als eine unsere Welt bildende, ihr zugrundeliegende empirisch fassbare Energie, keine ihre Einheit und Ganzheit gewährleistende göttliche Transzendenz mehr. Die zeitgemäße Naturwissenschaft war schon auf der Spur, die Kraft-Materie als Energie zu bestimmen und zu vereinheitlichen. Turner hatte Kenntnis davon (vgl. Wagner, S. 104).

Wer seine Bilder vor Augen hat, wird erkennen, wie sehr er dazu neigt, die „Dinge" in dynamische Atmosphären aufzulösen oder zumindest einzubetten. Das Bild verliert seine architektonische Einheit zugunsten einer offenen Dynamik und vereinheitlichenden Licht-Atmosphäre. Darin manifestiert sich ein epochaler Umbruch. Turners Malerei begleitet den Wandel des physikalischen Weltbildes von der Materie zur Energie, die sich im 19. Jahrhundert abspielt. Die Welt als Gefüge und Erscheinung von Dingen ist nur die geronnene Manifestation von dynamischen Kräften und Energien. Jedoch bleibt die sichtbare Welt der Schauplatz ihrer Erscheinung und Auseinandersetzung im Unterschied zur Mathematisierung in den Naturwissenschaften. Was dies alles mit der offenen Fortschrittsdynamik bis in unsere Gegenwart hinein zu tun haben könnte, ist hoffentlich deutlich geworden.

Turner – Das Erhabene des energetischen Zusammenwirkens der Elemente

Ein früheres Bild von 1809 kann die gewonnene Sichtweise ergänzen und bestätigen: „Sturz einer Lawine in Graubünden" (Abb. 4). Vorauszuschicken wäre ein Hinweis auf die große Bedeutung des Erhabenen seit der englischen Romantik für die Bestimmung des Verhältnisses von Mensch und Natur (vgl. Eco, Umberto, Die Geschichte der Schönheit, Kap. XI, Das Erhabene, S. 275ff). War bisher das Schöne als Harmonie Auftrag und Ziel der Malerei, so verschiebt sich das Interesse im 18. Jahrhundert zum Erhabenen. Dieses kann das Formlose, die Wildnis, unendliche Weiten, das Unbestimmte, Unfassbare, Schrecken und Schmerz als Zumutungen der Natur einbeziehen. Gleichzeitig beginnt die Faszination der Hochgebirge und führt zu einem ersten Gebirgstourismus. Turner wurde selbst zum Reisenden. Wie wir aber nicht

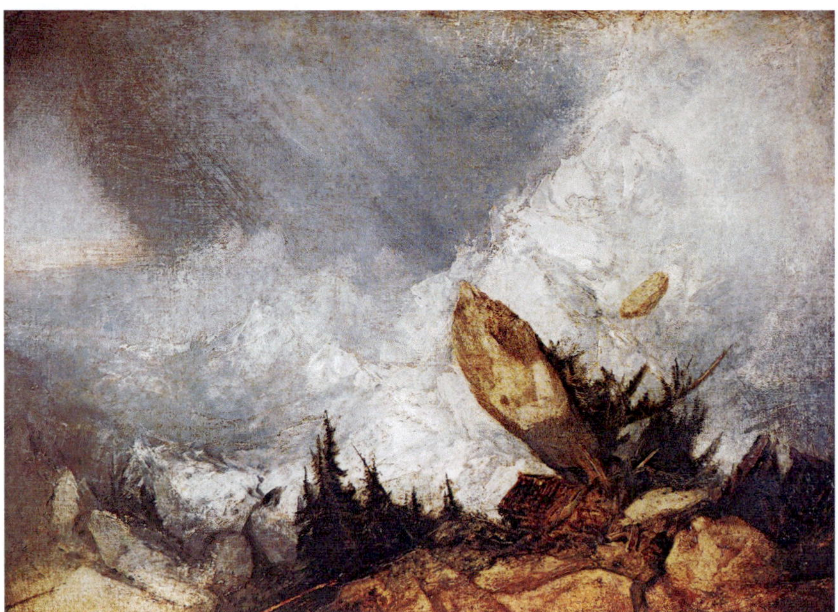

Abb. 4: William Turner, Sturz einer Lawine in Graubünden"
(Hütte, von einer Lawine zerstört), 1810

nur über Kant wissen, diente die Faszination an der unfassbaren Übermacht und Weite der Natur der Selbstversicherung des Menschen in seiner geistig-überlegenen Existenzweise. Das Gefühl der körperlichen Ohnmacht und Winzigkeit gegenüber den mächtigen Gewalten der Natur verwandelt sich in den Stolz auf die ganz anders geartete freie Geistnatur des Menschen und die durch sie ermöglichte Herrschaftsdistanz zur Natur. Die virtuelle Darstellung des Erhabenen der Natur im Bild ermöglicht zudem eine ungefährdete Teilhabe und Erregung. Eine entlastende Wirkung der medialen Darstellung des Schreckens bis heute. Ob dies auch die Absicht des angesprochenen Gemäldes von Turner ist, kann offen bleiben.

Turner bewegt sich als Maler, der die anschauliche Welt darbietet, noch im Raum der klassischen Lehre der vier Elemente: Erde, Wasser, Luft und Feuer (Licht/Energie). Doch er fasst sie schon in diesem frühen Bild von 1809 „Der Sturz einer Lawine in Graubünden" als verschiedene ineinanderfließende Aggregatzustände auf, die sich – wie in der newtonschen Naturwissenschaft – in der Kraft der Bewegung bündeln. Die zu Bergen aufgetürmte Erde, Eis und Schnee, als Aggregatzustände des Wassers, und Wolken und Sturm, als Aggregatzustände der Luft, wirbeln auf diesem Gemälde kaum unterscheidbar ineinander und versammeln sich in den aufgetürmten Sturz des Felsbrockens. Der focussierte Felsblock ist so realisiert, dass er die von Menschen erbaute Hütte mit Leichtigkeit zermalmen und die distanzierende Bildfläche durchschlagen wird. Er ist nicht mehr Gegenstand, sondern sichtbar gemachte energiegeladene Bewegung von Kräften, die den Betrachter mit bedroht. Die gesicherte Betrachterdistanz soll suggestiv aufgehoben werden. Eine Kunst des Erhabenen zielt auf die fühlbare Betroffenheit des Betrachters.

Elementare Bewegungskraft ist für Turner hier die Summe der Natur(gewalt). Gegenüber ihrer Neutralisierung und Mathematisierung in der naturwissenschaftlichen Erkenntnis oder ihrer gesetzlichen und technischen Bändigung lässt Turner sie jedoch in ihrer anschaulichen und staunenswert-erschreckenden Erhabenheit für den betroffenen Menschen erscheinen. Solche die Sinne ansprechende Anschaulichkeit und solche unser Lebensgefühl tangierende Betroffenheit möchte ich als Gegenmomente zur wissenschaftlichen Abstraktion und neutralisierenden Objektivierung verstehen. Die Gewalt der Natur scheint mir hier noch als eine die Macht des Menschen begrenzende Übermacht dargestellt, bewundert und anerkannt.

Turner – Die Geschwindigkeit als Paradigma der Welt-Wahrnehmung

Turners Auseinandersetzung mit der technischen Bändigung der Naturenergien zeigt sich besonders eindrücklich in dem berühmten Gemälde von 1844: „Regen, Dampf und Geschwindigkeit – die Great Western Eisenbahn" (Abb. 5, S. 37). Dieses Bild bringt die chaotischen Elementarkräfte der Natur in Verbindung mit der gebändigten und gerichteten Bewegung der Dampfkraftmaschine. Auch zeitgenössische Quellen sprechen davon, dass die Menschen durch die Maschinen die Elemente durch ihre Verwandlung in gerichtete Kräfte zwingen, für sie zu arbeiten (vgl. Wagner, S. 97f). Der Bildtitel nennt bezeichnenderweise nicht die Eisenbahn als Gegenstand der Darstellung zuerst, sondern zwei Aggregatzustände des Wassers (Regen und Dampf) und die Geschwindigkeit, die durch das technische Gerät neu in die Menschenwelt einbricht. Der erste Eindruck gibt dem Betrachter kein klares Bild, weil eine diffuse Licht-Atmosphäre, in der Erde, Himmel, Wolken und Regen kaum unterscheidbar sind, das Bild erfüllt. Schon die Zeitgenossen hoben hervor, dass durch die Geschwindigkeit auch die Wahrnehmung verändert wird. Turner malt also auch ein „neuartiges Seherlebnis", „Ausdruck einer neuen, durch Geschwindigkeit bedingten Wahrnehmung" (Wagner, S. 92).

Was sich bisher gezeigt hat, ist in Wagners Untersuchung zu Turner sehr einleuchtend zusammengefasst: „Im Unterschied zu technischen Illustrationen begründen Regen, Dampf und Geschwindigkeit eine veränderte Sicht auf die Dinge. Dadurch scheinen alle Unterschiede in der Materialität der Dingwelt zugunsten ihrer flüchtigen Erscheinung negiert. Nur die Bearbeitungsspuren von Farbmaterie markieren die unterschiedlichen Bereiche von Himmel, Land und Wasser. Sie erscheinen wie verschiedene Zustände derselben Substanz. Dem entspricht die Farbigkeit, deren gelblich-braun-ocker oszillierenden Oberflächen als feinste Schichten über der groben Grundierung liegen und zum Eindruck eines ungreifbaren, flüchtigen Zustands beitragen" (Wagner, S. 97). Auch die Malweise dynamisiert und verflüchtigt sich. Turner ist berühmt für seine schnelle Malweise. Der Zug selber wird nicht in seiner technischen Präzision, sondern in seiner für das Auge kaum nachvollziehbaren Geschwindigkeit dargestellt. Das Wesen der neuen Technik liegt für Turner offenbar nicht in ihrem Aussehen und der Präzision der Maschinen, sondern in der durch die Geschwindigkeit sich vollziehenden Veränderung von Raum und Zeit sowie in der dynamisierten Welt-Wahrnehmung.

Wohl überlegt lässt Turner den Zug aus dem verhangenen Mittelpunkt des Bildes herausschießen. Für den Lehrer der Perspektive wäre dies der Unendlichkeitspunkt. Die Eisenbahntrasse wird im Bildraum

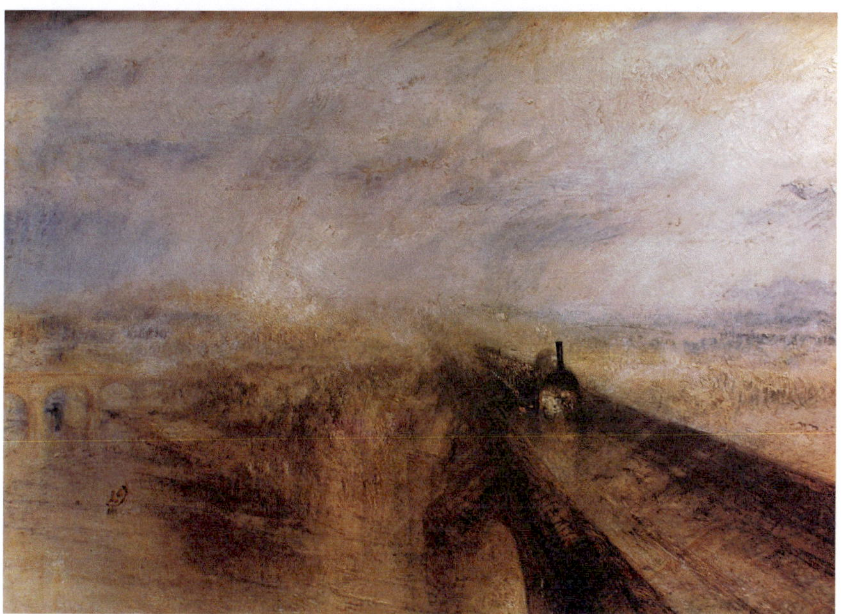

Abb. 5: William Turner, Regen, Dampf und Geschwindigkeit – die Great Western Eisenbahn, 1844

so angelegt, dass sie über die Ecke des Bildes in eine zweite Unendlichkeit hinausführt. Damit vermeidet er die Grenze, die der Betrachter im Gegenüber zum Bild unwillkürlich einführt. Zudem hat auch der Betrachter keinen festen Standort im Raum wie er zur klassischen Subjekt-Objekt-Konstellation gehört, sondern nimmt einen unbestimmt schwebenden Ort ein, von dem er auf das durch die Brücke schon erhöhte Geschehen hinabblickt.

Realisierung des Newtonschen Naturentwurfs im Eisenbahnsystem (W. Schivelbusch)

Turner sieht offenbar in der aufkommenden Technik eine ähnliche Veränderung unserer Welt-Erfahrung und -Wahrnehmung, wie sie in einer sehr bedeutsamen Untersuchung von Wolfgang Schivelbusch zur „Geschichte der Eisenbahnreise" ausgearbeitet wurde. Ihr Untertitel: „Zur Industrialisierung von Raum und Zeit im 19. Jahrhundert" entspricht Turners Einsicht. Schivelbusch stellt in seiner Untersuchung dar, inwiefern die Eisenbahn als technische Umsetzung der Naturkraft in gerichtete Bewegung den Newtonschen Kraft- und Raumbegriff realisiert. Durch die von ihr erzwungene Angleichung der je verschiedenen Ortszeiten zu einer homogenen Zeit führt sie tendenziell auch die absolute Zeit ein. Das Schienensystem selbst, das die Unebenheiten der Erdoberfläche und die regionalen Verschiedenheiten tendenziell einer geraden Bahn ohne Hindernisse angleicht, nähert sich der abstrakten, nur gedachten Strecke an, die Newton für sein erstes Bewegungsgesetz unterstellt. Die Schienenwege könnten wie eine „Versuchsanordnung der Physik angesehen werden, um Newtons erstes Gesetz der Bewegung zu operationalisieren: „Jeder Körper bewegt sich durch die ihm innewohnende Kraft gleichförmig auf einer geraden Linie ins Unendliche fort, wenn er nicht durch etwas Äußeres daran gehindert wird".

Den Bezug auf Turner verdanke ich einem aufschlussreichen Artikel von Dieter Rahn (zit. Rahn, S. 119). Was ihre Realisierung verhindert, gilt als etwas „Äußeres", als „Hindernis", und somit als etwas zu

Überwindendes. Das Techniksystem setzt sich neben die historisch gewachsene, unregelmäßige und inhomogene Erdwirklichkeit oder unterwirft sie im Ganzen seinen Bedingungen und Gesetzen. Solche Naturauslegung und die ihr folgende Technik tendieren zur Raum- und Zeitüberwindung. Heute ist sie am auffallendsten in den virtuellen Daten-Räumen verwirklicht, in denen man von jeder Raum-Zeit-Stelle möglichst in Echtzeit Zugriff auf alle Informationen und Weltgegenden haben soll.

Die „überfahrene" Lebenswelt (Turner)

Turner zeigt diese von Schivelbusch analysierte Unabhängigkeit des Eisenbahnsystems von der natürlichen Landschaft auf eindrückliche Weise. Die das Flusstal überbrückende Schienenstrecke durchschneidet den (Erd-)Landschaftsraum, ja den „Welt-Raum", wenn man den Unendlichkeitspunkt einbezieht, aus dem sie herausschießt. Die Bewegung entspringt einer abstrakt-unendlichen Räumlichkeit und gibt sich als ungehindert schnell und homogen zu erkennen. Das Auge kann ihr nicht wie bisher folgen. Die Bahn verbindet Start- und Zielorte auf möglichst direkte Weise, so dass die Landschaften am Wege zu bloßen Durchgangsstrecken werden. Das Da-zwischen ist negiert. Turner zeigt die „überfahrene" Landschaft von großer Höhe ganz unten in undeutlichen Konturen. Durch kaum sichtbare Einfügungen erinnert er noch an die Welt, die nun verdrängt, durch- und überfahren wird. Rechts von der Brücke lässt sich ein pflügender Bauer erkennen. Kurz vor Abschluss des Bildes hat er noch einen flüchtenden Hasen hinein gemalt, der im nächsten Moment von der Lokomotive erfasst werden könnte. Links sieht man in der Tiefe ein offenes Boot mit Schaulustigen, von denen einer einen Schirm als Zeichen eines unzureichenden Schutzes vor den Wettern trägt (vgl. Wagner, S. 100). Auf der verschwimmenden Uferpartie erkennt man erst allmählich weitere Schaulustige, die – wie zeitgenössische Quellen verraten – den Kirchgang versäumten, um sich von diesem technischen Wunder faszinieren zu lassen (vgl. Rahn, S. 115).

Durch eine malerische Besonderheit hat Turner den Vorgang der Transformation und Einschmelzung der irdischen Elemente besonders betont. Auf dem Kessel der Lokomotive brennt in auffälliger Glut das Feuer, das Wasser in Dampf verwandelt, der wiederum diese Maschine antreibt. An diesem Punkt sind außerordentlich viele Farben versammelt. Die verwandelnd antreibende Energie wird hier als das bewegende Zentrum nach außen verlegt und damit sichtbar gemacht (vgl. Wagner, S. 97f). In all dem wird anschaulich, wie diese dort unten liegende Erd-Landschaft und ihre Lebensweisen durch das neue System zu einer vergangenen Epoche gemacht werden wird. In zeitgenössischen Visionen sah man im Eisenbahnnetz die Chance zur friedlichen Annäherung und Angleichung der Völker. Es werde gelingen, die Zersplitterung der Völker, die Crux einer gewaltsamen Weltgeschichte, wie sie im Mythos vom Turmbau zu Babel veranschaulicht wurde, durch dieses weltumspannende Netz zu überwinden. In unsere Epoche könnte der Wille zur Vereinheitlichung der Welt in einem neuen „Turmbau“ zum Ziele kommen (vgl. Rahn, S. 114). In den Weltkriegen des 20sten Jahrhunderts musste man jedoch lernen, dass die neuen Technologien zugleich ein ungeheures Zerstörungspotential entfalten. In unserer Epoche der Globalisierung erkennen wir nun mit Bedauern, dass die Vereinigung aller Kulturen unter dem technisch-industriellen Komplex eine verlustreiche Homogenisierung und Gleichschaltung der historisch gewachsenen Unterschiede bedeutet.

Ob Turner diese von ihm beobachtete und mitvollzogene Weltveränderung begrüßt oder abgelehnt hat, möchte ich als zweitrangig ansehen. Er sieht sie jedenfalls in ihren weltverändernden Dimensionen! Das macht ihn zu einem wichtigen epochalen Zeugen. Und er bildet in dieser neuen Welt Gegenmomente und Korrektive aus, die uns noch heute ansprechen können.

Turner als Reisender – Interesse an der Verschiedenheit der Gegenden

Im Gegensatz zu seinem Zeitgenossen Constable, der sich kaum von seinem angestammten Ort entfernt hat, ist Turner von Anfang an ein Reisender in England und dann durch ganz Europa gewesen. Dabei hat er sich oft sehr schnell von Ort zu Ort bewegt und dazu auch die neuen technischen Verkehrsmittel wie die Eisenbahn und die Dampfschiffe gerne benutzt. (vgl. Wagner, S. 24). Seine Reisetagebücher mit ihren zart-hingeworfenen atmosphärischen Aquarellen und Zeichnungen gelten uns heute als Inbegriff der Modernität Turners. Das Aquarell (und Gouache) „Flussufer" nach 1830 kann als Beispiel gelten (Abb. 6, S. 42). In solchen Reisenotizen sieht man den Wandel vom „Gegenständlichen" zur „Impression" einer flüchtigen Gesamtatmosphäre vorgebildet (Impressionismus). Und die oft sehr weit getriebene Verflüchtigung des Landschaftlichen zu reinen Farbschleiern gilt als Vorbereitung der „Abstraktion". Aber selbst dann bleibt die Dimensionierung von Erde und Himmel, Sonnenlicht und Erdschatten, die Suggestion eines irdisch-landschaftlichen Raumes und dessen Verschmelzen erhalten. Und Turner bleibt leidenschaftlich interessiert an der Verschiedenheit der Atmosphären an den Orten und Landschaften, die er bereist. Darin möchte ich ein Gegenmoment zur Homogenisierung von Raum und Zeit und zur Vereinheitlichung unserer Welt sehen. Gegenüber der Tendenz zur neutralisierenden Objektivierung hält er an der anschaulichen Wahrnehmung unter den Bedingungen der neuen Zeit fest. Es ist die Wahrnehmungsweise des Durchreisenden, des panoramatischen Sehens, der flüchtigen Impression im summarischen Überblick. Man könnte ihn mit dem touristischen Weltbezug in Verbindung bringen, der ja als Begleiter und Gegenzug zur homogenisierenden Moderne sich weltweit ausgebreitet hat.

In der Tat gibt Turner „nie den Ort selber (mit seinen objektiven Gegebenheiten), sondern dessen Eindruck auf ihn" wieder (Wagner, S. 52). Beklagten zeitgenössische Reisende, dass man von den zu schnell fahrenden Verkehrsmitteln aus das Pittoreske der Landschaftsbilder

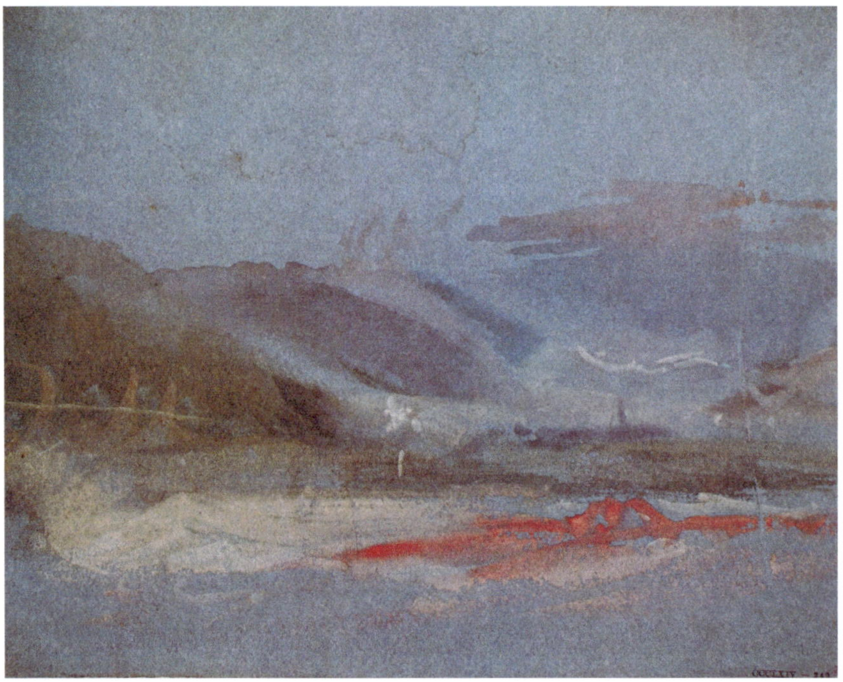

Abb. 6: William Turner, Flussufer, Aquarell und Gouache, nach 1830

nicht mehr genießen könne, lässt sich Turner gerade auf die flüchtige Wahrnehmung ein. Selbst die fest gefügten Gebäude verschwimmen zu vorbeifließenden Eindrücken. Mit einem Farbstrich ist auf dem Aquarell ein Dorf mit Kirchturm kaum unterscheidbar von dem Farbgewoge hingelagert. Auch seine Arbeitsweise war sehr schnell. Vor allem an seinen Flussbildern lässt sich erkennen, wie Monika Wagner besonders sinnfällig herausgearbeitet hat, dass Turner an einer Bildwerdung des Weges, des „Unterwegsseins" (auch in der Wahrnehmungsweise) interessiert ist (Wagner, S.27ff). Dem kommt ja seine Vorliebe für das Flüchtige, Transitorische, Ungreifbare und Bewegte sehr entgegen. Auch darin möchte ich einen immanenten Gegenzug zur objektivierenden Weltberechnung im wissenschaftlich-technischen Weltzugriff sehen.

Friedrich | Feininger

Kontrast von romantischer Unendlichkeit und horizontumgrenzter Endlichkeit in der Moderne

Die malerische Realisation „romantischer Unendlichkeit" verbindet sich vor allem mit den Bildern Caspar David Friedrichs (1774 – 1840). Besonders sein Gemälde: „Mönch am Meer" (Abb. 7, S. 44) demonstriert diesen Überstieg über das endlich Sichtbare ins unendlich Unsichtbare und die Begegnung beider Dimensionen im Bild. Schon die Erdwirklichkeit wird völlig reduziert und leer wiedergegeben. Dies führt jedoch dazu, dass die Bildwirklichkeit als solche transzendiert wird, wie man im Kontrast zu einem vergleichbaren Motiv in einem Gemälde der klassischen Moderne von Lyonel Feininger: „Wolken überm Meer", sehen kann (Abb. 8, S. 44). Schon ein erster Blick auf beide Bilder wird die Verwandtschaft des Motivs und den Unterschiede der Darstellungsweise offensichtlich werden lassen. In beiden sind Mensch und Erde der Weite des Meeres und des Himmels konfrontiert. Doch welcher Unterschied in der Gestaltung dieser kosmischen Dimensionen! In Friedrichs Gemälde dräut ein ungreifbar bedrohlicher Himmel abgründig aus einer unfassbaren Unendlichkeit herein. Bei Feininger wirkt dieser Himmel in goldenen Bahnen begrenzend für den Bildraum und schneidet die Perspektive ins Unendliche ausdrücklich ab. Friedrich transzendiert den Bildraum. Feininger bestätigt ihn dagegen ausdrücklich, indem er sogar den sonst durchsichtigen Himmel mit fast stofflichen Bahnen verhängt. Doch ist auch dieser Himmel in seinem goldgelben Ton, der sich überall ausbreitet, durchleuchtet von einem Licht, das nicht im Bescheinen der Dinge aufgeht.

Diesem grundlegenden Unterschied zwischen „romantischer Unendlichkeit" und „horizontumgrenzter Endlichkeit" entsprechen auch andere Elemente der Bilder. Bei Friedrich ragt der Erdball in einer fahlen Färbung, ungreifbar und öde in die Bildfläche hinein; zu den Rändern hin so gestaltet, dass er über den Bildrand hinausstrebt. Bei Feininger ist

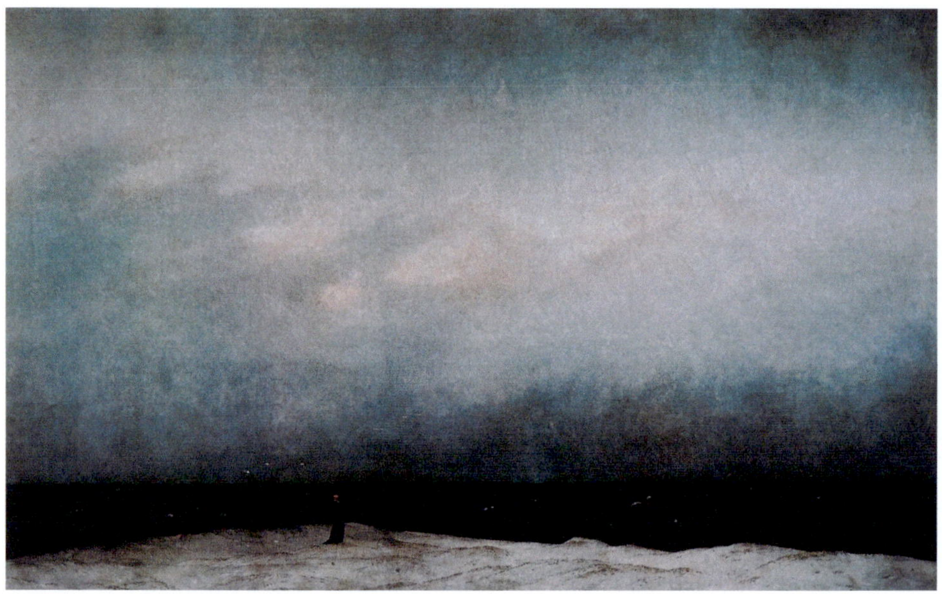

Abb. 7: Caspar David Friedrich, Der Mönch am Meer, 1808 – 10

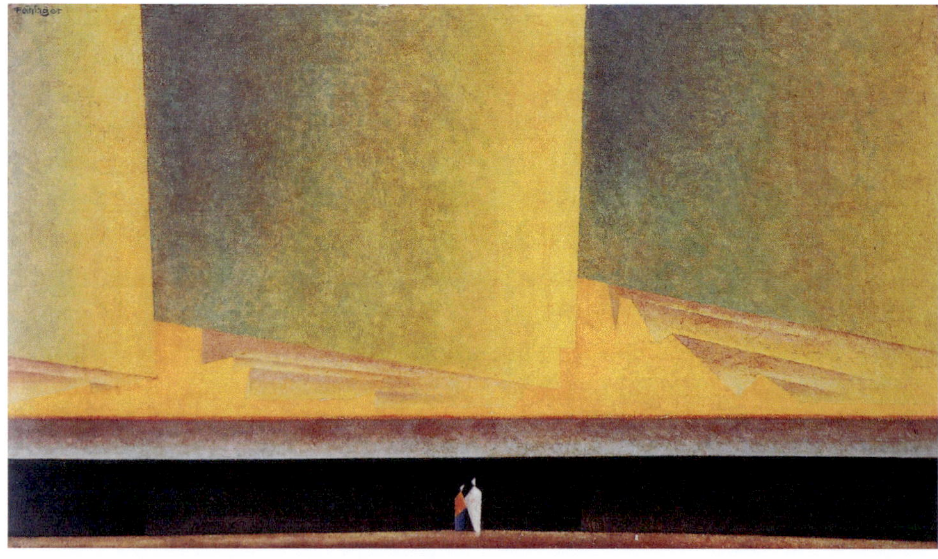

Abb. 8: Lyonel Feininger, Wolken überm Meer II, 1923

nicht nur der Himmel, sondern auch die Erde durch ihre Anbindung an die Bildoberfläche und die fast geometrische Eingliederung in das Rechteck des Bildes fest mit dem Bildgefüge verbunden. Ist ein weltabgewandter Mönch bei Friedrich wie verirrt jenseits seines Klosters an diesem Strand einsam unterwegs, so steht ein Paar bei Feininger in bunten Kleidern in der Mitte des Erdbereiches in ruhigem Betrachten dem Himmel gegenüber. Bei Friedrich bestätigt die Kleinheit der Figur die Unermesslichkeit des Raumes. Bei Feininger werden die ebenfalls winzigen Figuren durch ihre Mittelposition, durch ihre Farbigkeit und ihre Flächigkeit im Bildraum bedeutsam und stark gemacht. In dem einen Fall ist es bezeichnenderweise ein einzelner ausgesetzter Mensch in einem unendlichen Raum, in dem anderen ein allseits verbundenes Paar in freundlicher Nähe zueinander im Angesicht einer bezaubernden Welt.

Einsam vor dem Unendlichen

Wenden wir uns nochmals einem berühmten Gemälde C. D. Friedrichs von 1818 zu: „Der Wanderer über dem Nebelmeer" (Abb. 9, S. 46). Auffällig ins Zentrum gerückt ist der einsame Betrachter dieser Hochgebirgslandschaft. Wir schauen ihm in den Rücken und sollen so in seine Sicht hineingenommen werden. Die er aber auch verstellt. Er ist auf den höchsten Gipfel gestiegen und ragt in den offen Himmel mit einem Blick in eine verschwimmende Unendlichkeit. Der Berg und er selbst sind fast substanzlos silhouettenhaft im Gegenlicht gegeben. Er kommt in gewissem Sinne aus einem Schatten- in ein Lichtreich. Sein Gehrock und sein Wanderstab weisen ihn als einen bürgerlichen Zeitgenossen aus. Vermutlich ist es der Maler selbst. Er ist kein mythischer oder geschichtlicher Akteur, wie in den Gemälden von Lorrain und Turner. Erinnert man sich an Friedrichs berühmtes Altar-Gemälde „Kreuz im Gebirge", so steht er an der Stelle auf dem Gipfel des Berges, auf dem dort der gekreuzigte Gottessohn von der untergehenden Sonne (Gott-Vater) weit über dem Betrachter vergoldet wird. Hier tritt ein bürgerlicher Mensch in platzgreifender Nahsicht an seine Stelle. Es wird deutlich gemacht, dass er in vollkommener Einsamkeit

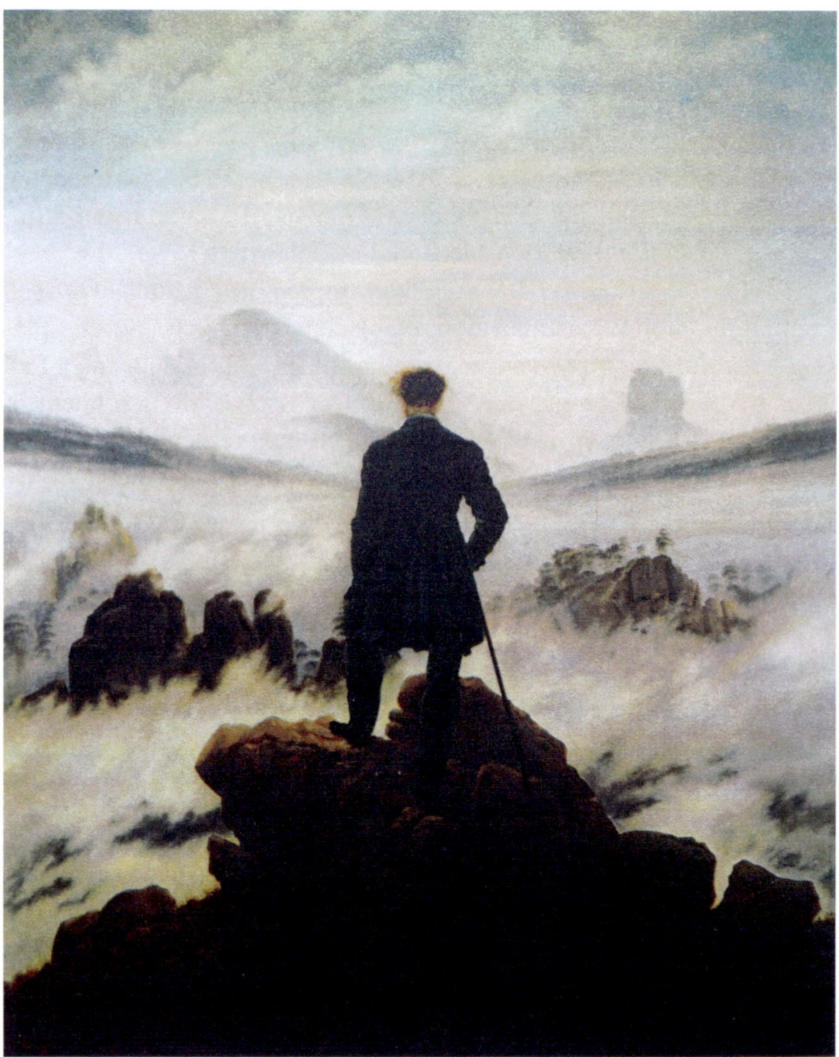

Abb. 9: Caspar David Friedrich, Der Wanderer überm Nebelmeer, um 1818

dort steht. Was er sieht, ist nicht die unter ihm ausgebreitete Welt der Erdbewohner, sondern eine diffuse, nach allen Richtungen sich ausbreitende Weite, die über die Bildbegrenzungen bewusst hinausgeht. Er schaut in eine unendliche Weite über den Wolken. Religion ist Ge-

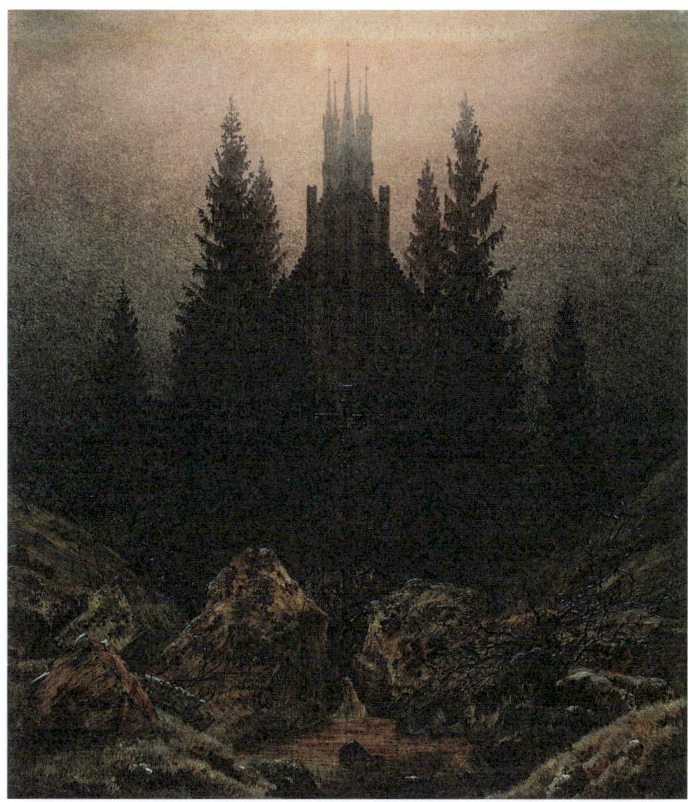

Abb. 10: Caspar David Friedrich, Kreuz im Gebirge, um 1812

schmack für das Unendliche, sagt sein Zeitgenosse Friedrich Schleiermacher. Bei diesem manifestiert sie sich jedoch in einem offenen, unendlichen Gespräch der Menschen in persönlicher Geselligkeit. Der „Wanderer" (zwischen zwei Welten) hat diese Menschenwelt verlassen und steht einsam und allein vor einer unfassbaren Unendlichkeit. Die einstige Verbundenheit der Menschen im Glauben an eine göttliche Transzendenz wird bei Friedrich nostalgisch vermisst in den Ruinenbildern gotischer Kathedralen des Mittelalters. Sie erheben sich verlassen in oft unwegsamen Gebirgslandschaften und stehen – wie in diesem Gemälde – auf der Grenze zwischen einem schattenhaft öden Diesseits und einer heraufdämmernden Lichtwelt (Abb. 10).

Wie bei Petrarca erinnert ihn die Gipfelerfahrung an die Heimatlosigkeit des Menschen in der empirischen Wirklichkeit und weist hinüber in eine unfassbare Transzendenz. Aber bei Petrarca war es der Beginn einer Epoche, in der der Mensch die Welt im Lichte seiner idealen Konstruktionen erschloss und verschönerte (vgl. Lorrain). Jetzt fühlt er sich von der Welt entfremdet und erleidet den Weltverlust in unstillbarer Sehnsucht. Die romantische Sehnsucht möchte die zum Mechanismus entzauberte Welt, wie sie sich der zeitgenössischen Naturwissenschaft darstellt, transzendieren, ohne diese Transzendenz noch als sozialen Lebensmittelpunkt erfahren zu können. Friedrich stellt das weltüberlegene Subjekt dar und erleidet zugleich schmerzlich dessen Weltverlust. Turner dagegen kann zum Zeitgenossen der aufkommenden Moderne werden, indem er eine alles vereinende Energie (Dynamik) im Einklang mit der zeitgenössischen Naturwissenschaft als Grundlage aller Erscheinungen und Tätigkeiten verherrlicht.

Monet | v. Gogh

Claude Monet –
Die Wahrnehmung der Erscheinungen

In was für eine andere Bild-Welt treten wir mit einem Gemälde von Claude Monet (1840 – 1926) ein! Der Bewegung, der er zugehört, hat er mit dem Bildtitel „Impression" ihren gängigen Namen verliehen. Er sagt schon das Entscheidende. Es geht nicht mehr um eine allumfassende Weltdeutung, sondern um den unmittelbaren Eindruck, den die Außenwelt für unser Sehen macht. Die wahrnehmende Beziehung zur Welt wird entscheidend zu einer Zeit, in der eine erklärende, wissenschaftlich objektivierende Hinterfragung der Erscheinungen die Oberhand gewinnt. Treffend zum Ausdruck gebracht hat dies Monet in dem Spruch: „Das Sujet ist für mich von untergeordneter Bedeutung; ich will darstellen, was zwischen dem Objekt und mir lebt" (zit. Keller, S. 28). So malen die Impressionisten draußen in der Natur. Erstmals

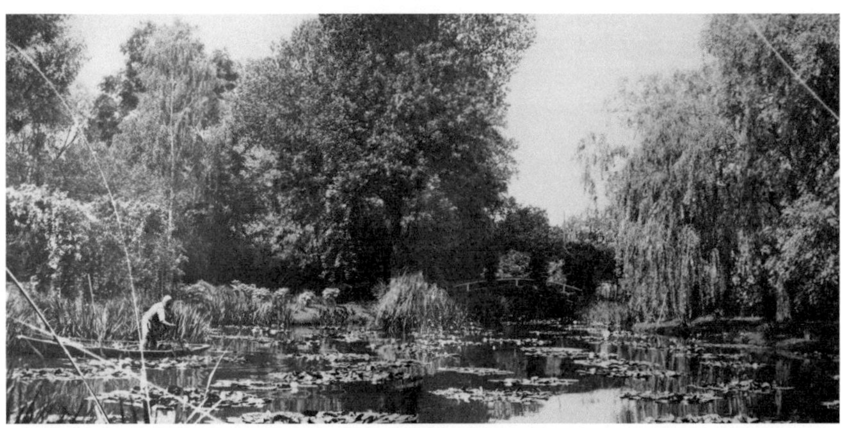

*Abb. 11: Claude Monets Wassergarten in Giverny
mit Seerosenteich und japanischer Brücke*

zieht das empirische Sonnenlicht mit seinen tages- und jahreszeitlichen Unterschieden in die Malerei ein, hellt alle Farben auf und realisiert den offenen atmosphärisch durchlichteten Raum der sichtbaren Welt. Die Freude an den Schönheiten einer sich sinnlich darbietenden Überfülle der Natur beschwingt Monets Werke. Bis dahin, dass er sich in Giverny einen überreichen Garten angelegt hat (Abb. 11). Die Welt als Garten, ein Ideal, dem ich selber gerne nachdenke. In einem solchen treffen menschliche Gestaltung und eigenständige Natur zur Realisierung beider Pole aufeinander und bilden eine „zweite Natur". So lieben die Impressionisten die Begegnung des großstädtischen Menschen mit der ihm freundlich sich öffnenden Landschaft (Natur).

Ein typisches Gemälde von 1887 mag ein Beispiel dafür geben: „Der Sommer/Felder im Frühling", (Abb. 12, S. 50). In der Bildmitte, am Rande einer Baumhecke ergeht sich eine gut gekleidete Dame mit Hut und Sonnenschirm inmitten einer hochgewachsenen Wiese. Fast versunken in den Feldern vor einem himmeloffenen Tiefenraum vermutlich ein Mann, vielleicht aber auch ein Kind. Alles in flimmernde Bewegtheit der farbigen Pinselstriche getaucht. Das Geheimnis einer durchgängigen luftig tagfrohen Atmosphäre beruht nicht nur auf diesem

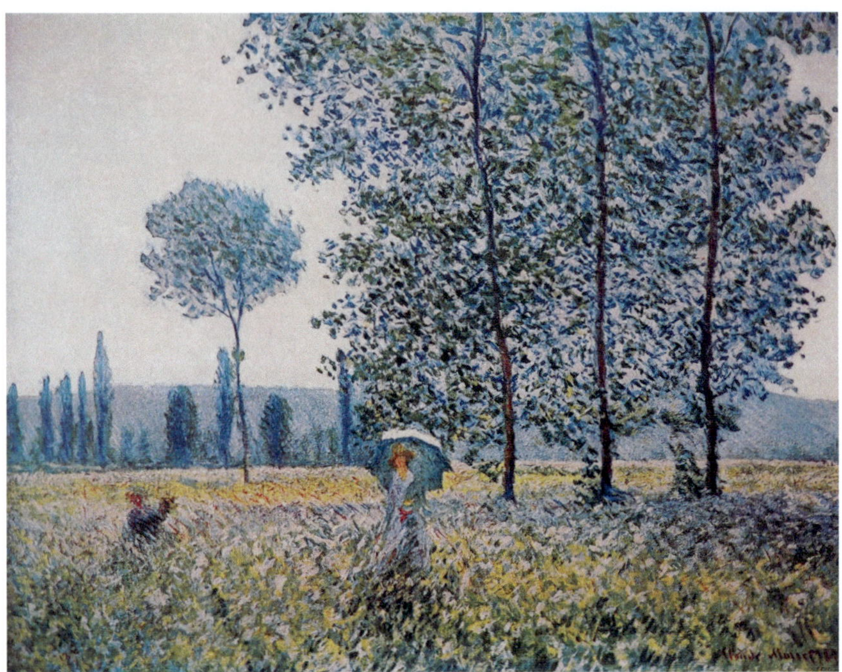

Abb. 12: Claude Monet, Der Sommer / Felder im Frühling, 1887

Flimmern, sondern auch auf dem durchgängigen Nebeneinander der Hauptfarben Blau, Grün und Gelb. Luft und Licht, lichte Klarheit und erregtes Flimmern, Weite und Nähe im Raum vereinigen sich zu einem herrlichen Tag. Die Frau nimmt alle Farben auf und wird in einer Größe gegeben, die sie uns in diesem weiten Raum, trotz ihrer Nähe zu uns erstaunlich fern erleben lässt. Sie ist in diesen belebten Licht-Luftraum eingetaucht. Auch hier geht es weniger um eine ästhetische Ansicht oder Distanz, sondern um ein Versetztwerden ins „Freie" des Naturraums. So wird hier der Naturraum zur befreienden Ergänzung großstädtisch-gesellschaftlichen Lebens. Oft ist es ein Picknick im Freien, was dargestellt wird. Auf Monet trifft am ehesten zu, was Ritter der gesamten Landschaftsmalerei unterstellt. Dass sie nämlich notwendige Kompensation und Ergänzung der naturwissenschaftlich-technisch geprägten Moderne sein will und soll, aber nicht deren Kritik oder Überwindung.

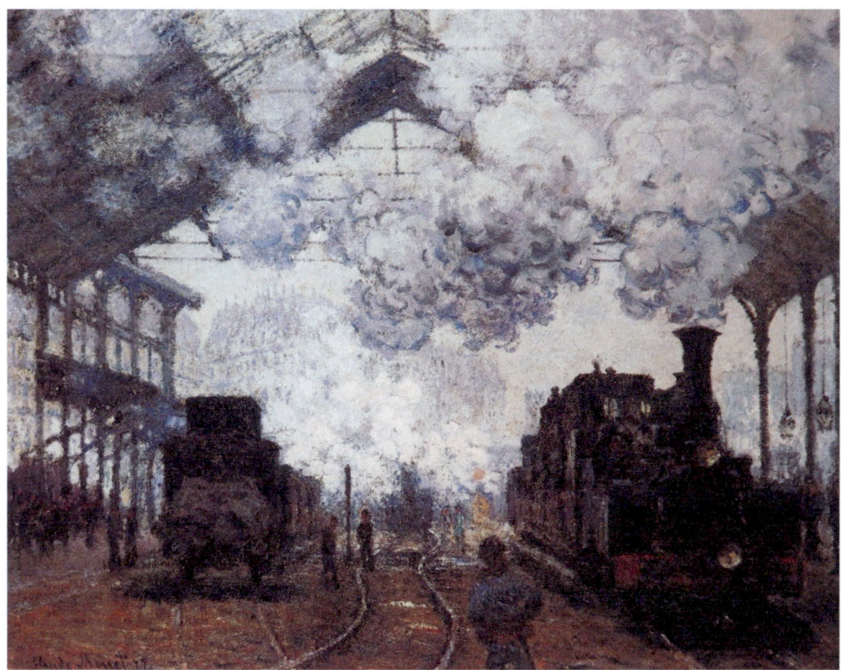

Abb. 13: Claude Monet, La Gare Saint-Lazare, Arrivé d'un Train, 1877

Monet nimmt in seinen Stadtansichten oder seinen Gemälden von Bahnhöfen mit dampfenden Lokomotiven die moderne Welt ganz unbefangen wahr und ergänzt sie mit solch wunderbaren Ausflügen in die freie Natur. Aber auch in den Bahnhofsbildern überwiegt die Liebe zu den flüchtigen Eindrücken und atmosphärischen Phänomenen, das Interesse an der technischen Maschinerie und deren Präzision (Abb. 13).

Augenblicke der Epiphanie (Marcel Proust)

Mit guten Gründen bezieht sich Umberto Eco in seinem Werk über die Schönheit auf eine Künstlergestalt in Marcel Prousts Werk: „Auf der Suche nach der verlorenen Zeit", um das Wesen der Impression zu erschließen. Sie „schildert die Dinge, wie sie uns im ersten, im einzig wahren Augenblick erscheinen, in dem unser Verstand noch nicht eingegriffen hat, um uns zu erklären, was die Dinge sind, und in dem wir noch nicht an die Stelle des Eindrucks, den sie auf uns gemacht haben, die Begriffe setzen, die wir von ihnen haben" (Eco, S. 356). Diese Wahrnehmungsweise bildet ein beeindruckendes Korrektiv zu den zeitgenössischen entweder weltanschaulichen oder naturwissenschaftlichen Gesamterklärungen des Kosmos. Ein solcher Augenblick der Epiphanie einer wie nie zuvor realisierten Welt hat wohl auch mich in Italien erfasst. In einer Epoche, in der sich die Zeitgenossen am liebsten in Historienbildern als heroische Gestalter der Geschichte feiern möchten oder in klassizistisch idealisierten Interieurs mit weiblich-mythischen Schönheiten, haben diese Gemälde als banal empfundenen, einer ins Tageslicht getauchten Welt heftigen Widerstand erregt. Heute sind sie für die meisten zum Inbegriff eines freundlichen, uns zugewandten Gartens der Natur geworden. Nicht ohne die Gefahr eines nur noch ästhetischen, touristischen Blicks auf die Schönheiten einer Natur, mit deren Schrecken und Abgründen wir nicht mehr leben müssen.

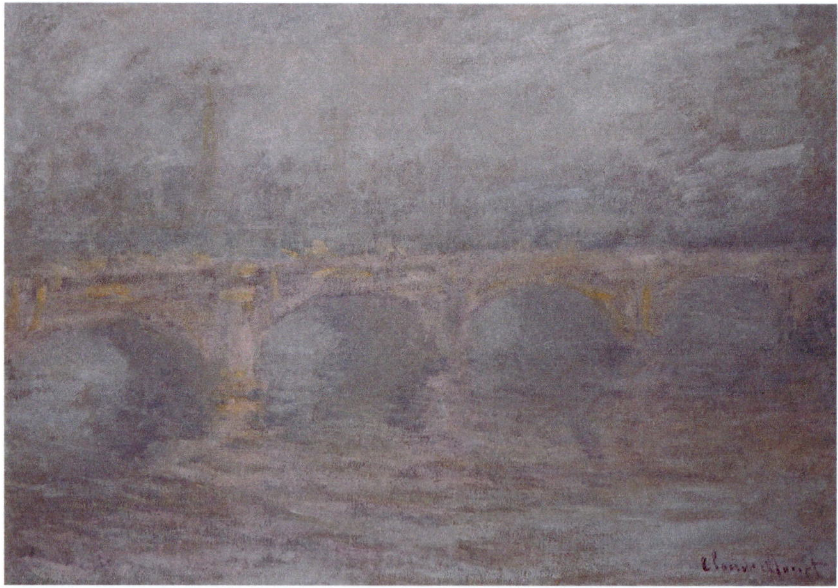

Abb. 14: Claude Monet, Waterloo Bridge, London, rosa Licht, 1904

Das Problem dieser nur noch impressionistischen Malweise liegt wohl darin, wie es Cézanne gesehen hat, dass sie den Bildbau und damit das Gefüge der Welt und seine gesetzlichen Strukturen ins Atmosphärische auflöst, wie z. B. auf dieser späten, von Turner beeinflussten „Waterloo Bridge" von 1903 (Abb. 14, S. 52). Im Unterschied zu Turner wird hier keine Deutung der Welt im ganzen mehr angestrebt, sondern ihre Einheit in einer gänzlich verschwimmenden Atmosphäre gesucht. Nicht mehr jedoch in unendlicher Jenseitigkeit wie bei Friedrich, sondern in lichter Diesseitigkeit. In und mit der Impression hat Monet zuletzt ein Motiv entdeckt, das dennoch seinen Weltbezug im ganzen zu spiegeln vermag. Ich meine seine so beliebten Seerosenbilder.

Welt-Spiegelung in den Seerosenbildern Monets

Bewusst habe ich eines der Seerosenbilder ausgesucht, auf denen die Elementarbezüge, die sich in der Spiegelfläche des Wassers abbilden,

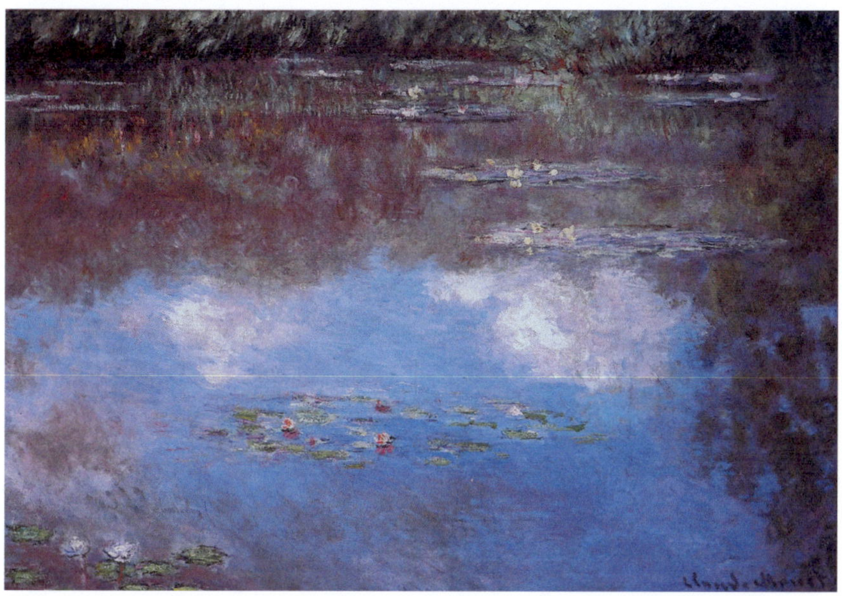

Abb. 15: Claude Monet, Nympheas, Paysage d'eau, Les Nuages, 1903

noch gegenständlich erkennbar sind (Abb. 15, S. 53). Am oberen Bildrand sieht man noch den Ansatz der Uferböschung, deren Fortsetzung sich jedoch nur noch im schattenhaft grünbraun-erdfarbenen Spiegelbild zeigt. In dieser Region wachsen noch Wasserpflanzen über die Fläche hinaus in den realen Luftraum. Der Himmel jedoch erscheint mit zwei abgegrenzten Wolken nur noch als Widerschein auf der Wasserfläche. Sie holen den weiten Himmelsraum ins Bild hinein. Das Wasser nimmt seine himmelblaue Färbung an. Ein Austausch! Entscheidend nun für alle Nympheas-Gemälde sind die Seerosen, wie sie mit ihren schwimmenden Blättern die spiegelblanke Oberfläche des unfassbaren Wassers über seiner verborgenen Tiefe (Abgründigkeit) erschaffen und mit ihren Blüten an dieser Grenze dem Luftraum und dem Licht entgegenwachsen. Die Tiefe des Wassers selbst bleibt unerschlossen, nimmt aber in der Umkehrung der Widerspiegelung die Räumlichkeit der „Oberwelt" auf. Das Licht-Leichte nun unten, das Erdhaft-Schwere nun oben. Manche Betrachter damals meinten, das Bild hinge auf dem Kopf. Man beachte, wie der ganze Bogen der Seeroseninseln dem Gefälle der Spiegelungen entgegen schwebt und ihre Senkrechten in Schwingung bringt. Die Spiegelfläche als Manifestation der Malerei ermöglicht den Austausch von Himmel und Erde, von Fläche und Raum, von Realität und Spiegelbild, von Bildbau und frei schwingender Bewegung. Die Blüten der Seerosen feiern diese Weltbezüge auf der Grenze zwischen dem Licht- und dem unsichtbarem Wurzelreich. Hier ist eine Welterfahrung gemalt, die uns nahebringen kann, was Goethe meinen könnte, wenn er im Zeitalter der erklärenden, ergründenden und berechnenden Weltausrechnung uns auffordert, bei den Phänomenen (der Wahrnehmung) zu bleiben.

Wo kommen aber wir, die Betrachter, hier vor? Uns wird kein Ufer als Standort angeboten. Wir gehen auf im Bilden dieses Welt-Raumes aus seinen Bezügen. In den die „Elemente" zusammenführenden Spiegelungen und in der atmenden Leere und Weite tut sich unser weltoffener Bewusstseinsraum auf. Wir sind hier außerhalb unserer selbst (als Subjekte) im Offenen der Welt. Die späten, weite Wände füllenden Seerosenbilder verwehren uns sogar den möglichen Überblick. Alles durchdringt sich ununterscheidbar, unberechenbar, unermesslich. Wir können nur noch an verschiedenen Stellen eintauchen in diese unser Sehfeld und unsere ordnende Vernunft übersteigende Bild-Welt. Ein Fanal in einer Geschichtswelt, die sich der Weltausrechnung und Weltausbeutung verschrieben hat und in der Mathematisierung das hintergründig Beständige (Gesetzliche) jenseits der Erscheinungen sucht.

Vincent van Gogh – Existentielle Welterfahrung im Raum unseres sterblichen Daseins

Kann man Monet als Korrektiv und Ergänzung und Turner als Verklärer moderner wissenschaftlich-technischer Welterschließung sehen, so treffen wir mit van Gogh auf einen Maler, der den Zwiespalt der Epoche an sich selbst erlitten und vielleicht sogar transzendiert hat

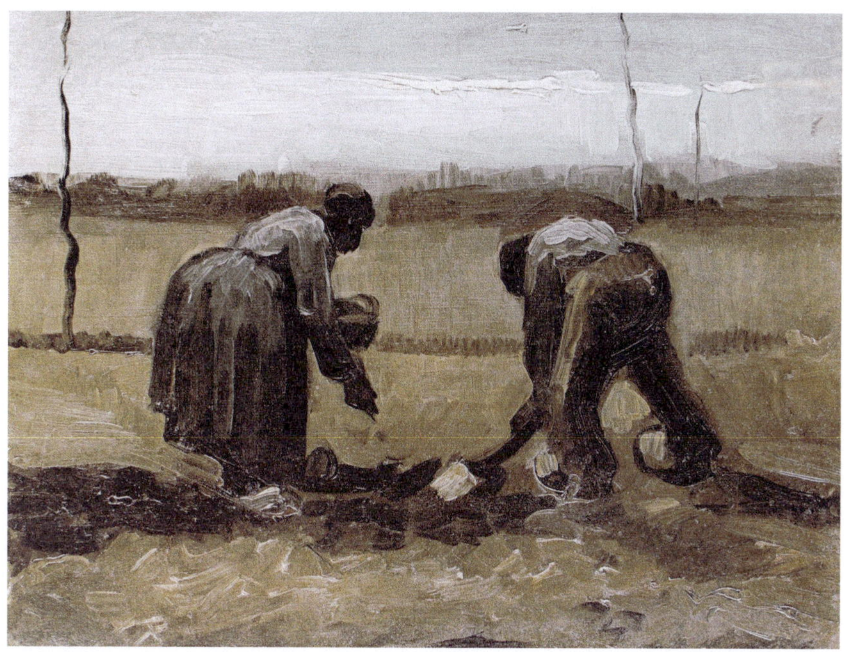

Abb. 16: Vincent van Gogh, Bauer und Bäuerin beim Kartoffelsetzen, 1885

(1853 – 1890). Nach einer großstädtischen Lehrzeit im Kunsthandel in London ist er als christlicher Laienprediger in die ersten industrialisierten Kohlereviere des Borinage gegangen (1880). Dort hat er in so radikaler Weise die Armut der Menschen geteilt, dass ihn die Missionsgesellschaft wegen dieser Radikalität abberufen hat. In der Frühzeit hat er Zeugnis abgelegt für die Schwere der körperlichen Arbeit, die der zur Ernährung notwendige Ackerbau den armen Menschen abverlangt (Abb. 16, S. 55). Dennoch sind diese Menschen mit ihrer schweren Arbeit verwachsen und werden in ihrer Armut gewürdigt. Einen größeren Gegensatz zu den leichtlebigen Großstädtern und ihrer genießenden Naturerfahrung bei Monet lässt sich kaum denken. Und dennoch hat van Gogh von den Impressionisten gelernt und uns in den letzten Lebensjahren die Intensität der Landschaften im Süden Frankreichs sehen lassen (1883 – 1889).

Die Frage ist, was ist anders bei ihm? Und wie hängen sein Mitleiden mit der Weltverwüstung in den neuen Indurstriegebieten und diese Art der Menschen- und Naturerfahrung zusammen. Eine Antwort auf die erste Frage wäre für mich, dass er ein durch und durch existentieller Maler ist, der die Schicksals- und Erdenschwere unserer Existenz durchlebt und landschaftlich manifestiert. Die Antwort auf die zweite Frage wäre für mich, dass er einer zunehmenden Weltentfremdung und Weltverflüchtigung in der aufkommenden Industriegesellschaft eine nie dagewesene Intensität der Weltwahrnehmung entgegensetzt. Wie in ein blendendes Licht getaucht erscheinen die Kornfelder in dem Gemälde „Der Schnitter" von 1889 (Abb. 17, S. 57). Aus einem Brief weiß man, dass der Maler beim Schnitter auch an den Tod gedacht hat. Wer ist nicht fasziniert von der Heftigkeit seiner Farben und konvulsivischen Linienführung sowie von seinem grob gestrichelten Pinselduktus? Nicht von der Glut in der Gesamtwirkung seiner späten Landschaften?

Das war auch der erste Eindruck bei denen, die seine Bilder nach seiner völligen Erfolglosigkeit zu Lebzeiten in ihrer Bedeutung erfahren haben. Zu ihnen gehörten Hugo von Hoffmannsthal und der bedeutende Kunsthistoriker Julius Meier-Graefe. In: „Die Briefe des Zurückgekehrten" (1907; datiert April 1901) lässt Hugo von Hofmannsthal einen

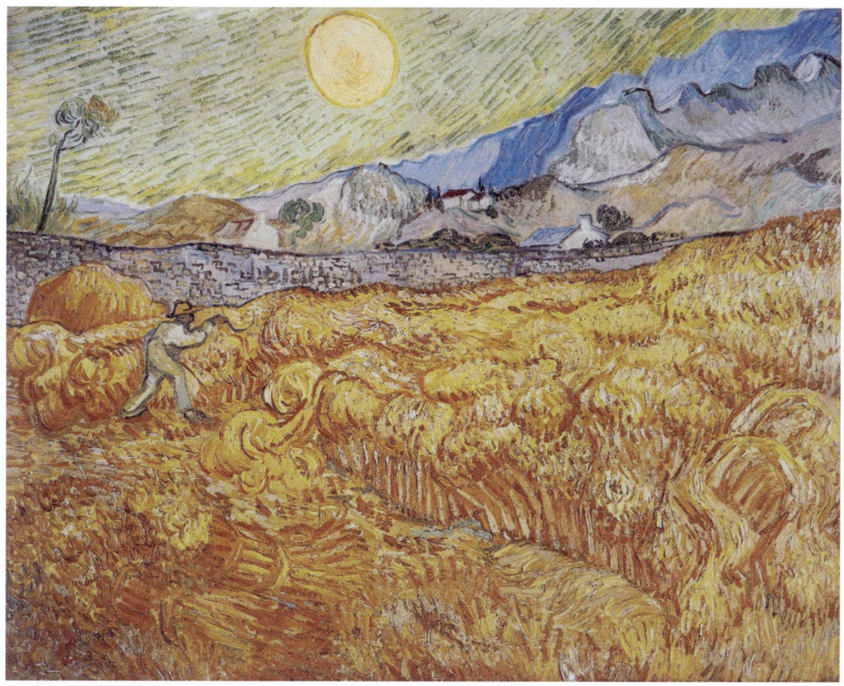

Abb. 17: Vincent van Gogh, Der Schnitter, 1889

weltweit gereisten Kaufmann an der gleichgültigen Öde seines modernen Hotelzimmers und seiner leerlaufenden Mitwelt in Deutschland
verzweifeln. „Sie sind ernsthaft, sie sind tüchtig, sie arbeiten wie keine
Nation auf der Welt, sie erreichen das Unglaubliche – aber es ist keine
Freude unter ihnen zu leben" (Hofmannsthal, S. 482), so „daß mir in
Salons dahier und Baquettsälen und Konferenzsälen manchmal vor
Unbehagen übel wird" (S. 485), Sie seien von einer solchen „Unruhe
der Möglichkeiten" erfasst, dass nichts wie „aus einem Guß" sich
zeigt (S. 484), „weil ihr Ganzes auch nirgends drin ist, weil sie in
Wahrheit nirgends sind". Das färbt auf ihre ganze moderne Umgebung
ab. Bezeichnenderweise auf einer Eisenbahnreise nimmt er das vor-
beifliegende Land wie eine gespensterhaft nichtige „Unwirklichkeit"
wahr (S. 493). Es fehlt eine leidenschaftliche Lebendigkeit, die er
sonst überall auf der Welt noch in den ärmlichsten Verhältnissen ge-

funden hat (vgl. S. 478 u.a.). „Ein Atem nicht des Todes, sondern des Nicht-Lebens" (S. 492): „wie sie das Leben selber vergessen über dem, was nichts sein sollte als ein Mittel zum Leben" (S. 494). Gesichter, die von nichts anderem „geritten werden als von ihrem Geld" (S. 494). Daran verzweifelt er! Bis er in einer Galerie auf Gemälde eines unbekannten Malers van Gogh stößt. Ganz ergriffen wird er von „der Wucht ihres Daseins", die die einfachsten Dinge und Menschen bei ihm über einem Abgrund von Schmerz ausstrahlen: „die Natur in ihnen, und die menschliche Seelenkraft, die hier die Natur geformt hat, und Baum und Strauch und Acker" und darin „das unbeschreiblich Schicksalhafte" … „aus einem fürchterlichen Zweifel an der Welt heraus geboren" (S. 495).

Als beeindruckendes Beispiel für seine kosmisch-schicksalhafte Welt- und Bilderfahrung bietet sich das berühmte Gemälde „Zypressenweg unter dem Sternenhimmel" von 1890 an (Abb. 18, S. 59).

Für den hochgebildeten und in der ganzen Kunstgeschichte bewanderten Julius Meier-Graefe steht einerseits fest, dass er vor deren Maßstäben nicht zu den besten Malern gehört, aber etwas hat, dem er sich nicht entziehen kann und möchte (Meier-Graefe, Das Fest der Farben, vgl. S. 375f u.a./ vgl. auch: Ders.,„Vincent van Gogh, S. 172). Was ihn vor allen auszeichnet, sei seine „Hingabe" (van Gogh, S. 173). Speziell dieses Gemälde scheint dem Kunstgeschichtler Julius Meier-Graefe eine „Liebesgeschichte der Landschaft" zu sein (van Gogh, S. 173). Etwas übertrieben vielleicht spricht dieser Gelehrte von einem „Exzess" in dessen Malweise: „er war eins mit dem Element, das er darstellte, malte sich selbst in den lodernden Wolken, in denen tausend Sonnen der Erde Zerstörung drohen, in den entsetzt zum Himmel aufschreienden Bäumen" (S. 371).

Und dennoch findet sich eine ordnende Kraft in diesen Gemälden, „die ein Paroxysmus der Naturerfassung entstehen ließ" (S. 371) und den Dingen „eine seltene Pracht der Materie verleihen" (Fest der Farben, S. 372). Meier-Graefe betont mir zu sehr die Selbstexpression des Künstlers. Ich meine, er hat zuerst die wunderbar-erschreckende Daseinsmacht der Welt im Raum des menschlichen Schicksals zur

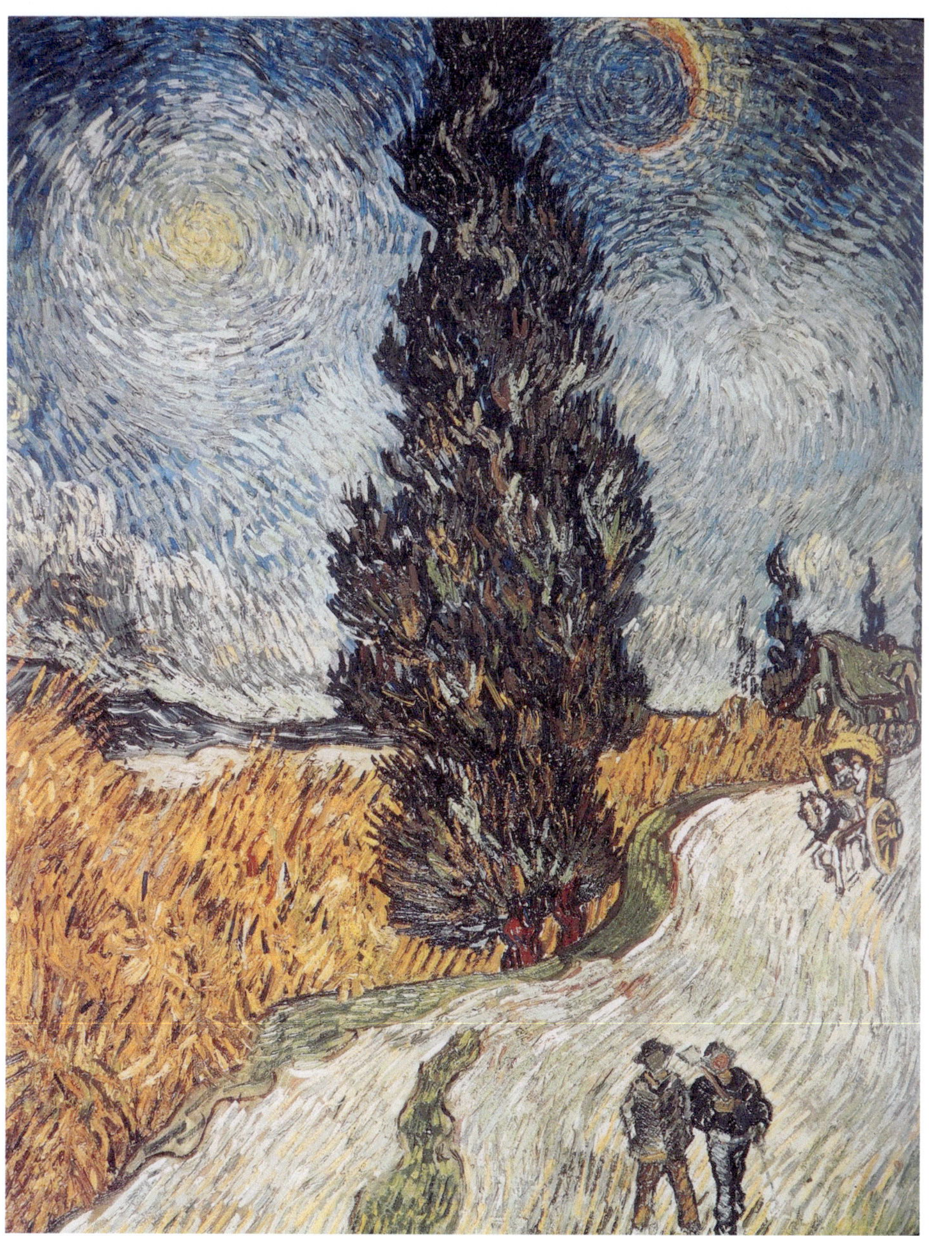

Abb. 18: Vincent van Gogh, Zypressenweg unter dem Sternenhimmel, 1890

Sprache gebracht. Die Natur wird nicht vergegenständlicht, nicht ästhetisch aus Distanz genossen, nicht dem Auge als objektive Außenwelt präsentiert. Sie ist kosmisch belebter Erfahrungsraum im Horizont des sterblichen Geschicks des Menschen. Eine Erde unter dem alles überragenden Himmel für Erdbewohner. Die schicksalsbewusste und weltfromme Lebenseinstellung eines Sterblichen entdeckt die ungeheure Daseinsmacht der Natur als den uns überragenden Lebens- und Erfahrungsraum.

Wenden wir uns diesem Gemälde zu, in dem der Weg der Menschen mit einem kosmischen Naturerleben verbunden wird. Es wird nicht schwer fallen, die erwähnten Grundzüge seiner Malerei wieder zu erkennen. Man beachte, wie hier der Himmel und die im Gold des reifen Korns prangende Erde sowie die gen Himmel züngelnde Zypresse die gleiche materiell fühlbare Intensität haben. Nur der Weg und das wandernde Menschenpaar haben etwas Leichtes und Flüssiges. Nichts wirft einen Schatten, das Dunkel ist den Farben beigegeben und steigert ihre glühende Intensität. Auch der Himmel gehört zu einer in sich selbst glühenden, von heftigen Pinselstrichen durchgängig erregten Welt. Räumlich und von der Dichte her hat ihn der Maler der Erde angenähert. Nichts mehr von der Weltüberwindung und luziden Transzendenz bei C.D. Friedrich, aber auch nichts mehr von der heiteren Leichtigkeit des Natureindrucks bei Monet. Van Gogh vergegenwärtigt die Gestirne Sonne und Mond gleichzeitig als kreisende kosmische Energien, die alles durchpulsen. Sie sind jedoch nicht in eine unendliche Ferne gerückt wie bei Friedrich, sondern bedrängen durch dynamische Näherung.

Und dennoch eine einfache und machtvolle Gliederung durch die Horizontale und mittige Vertikale; durch die belebende, aber zu gleichen Teilen trennende Diagonale des Erdbereichs; durch die konzentrischen Kreise der Gestirne. Diese kosmische Natur überragt – schon allein von den Anteilen an der Fläche her – die zur Seite gedrängte Menschenwelt. Eine ärmliche Hütte am äußersten Rand. Eine Bauernkutsche mit Pferd und einem Menschenpaar … gerade ins Bild gefahren; am unteren Rand, aus ihm herausgehend, zwei Männer in Arbeitskleidung mit Spaten. Der fließend gegebene Weg liegt offen und frei vor ihnen.

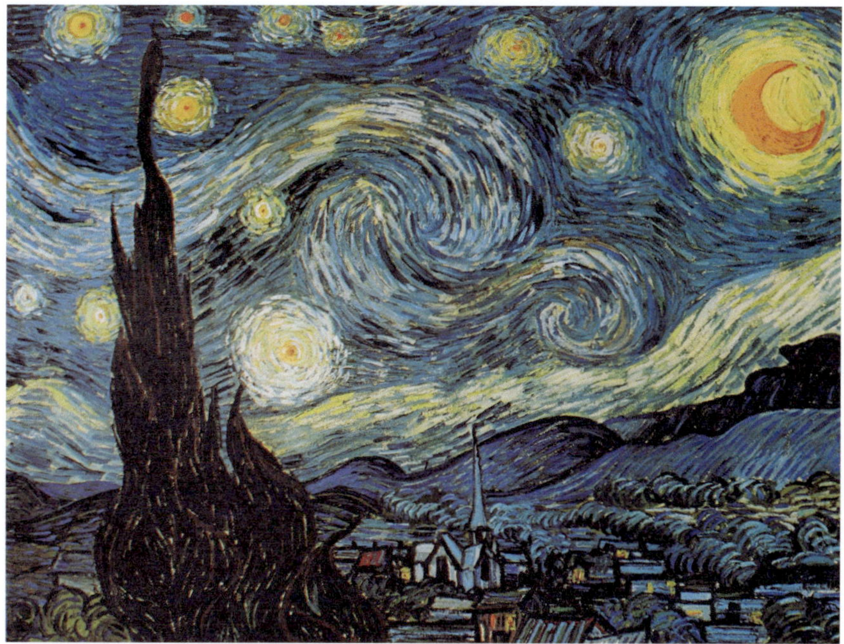

Abb. 19: Vincent van Gogh, Die Sternennacht, Zypresse und Dorf, 1889

Sie scheinen das Naturspektakel nicht zu gewärtigen. Der Künstler ist es, der den ganzen Kosmos, in dem wir leben, uns nähert. Er lässt uns, die Betrachter, über dessen Majestät, machtvolle Turbulenz und abgründige Fremdheit staunen und erschrecken.

Letzteres zeigt sich in einem grandiosen Nachtbild: „Die Sternennacht, Zypresse und Dorf" von 1889 noch eindrücklicher (Abb. 19). Die menschlich bewohnbare, bei Monet verherrlichte Welt des Tages ist in ein blauschwarz-prangendes Dunkel getaucht, stürmisch überrollt von einem kosmischen Räderwerk, das im Dunkel der Weltnacht grandios in Erscheinung tritt und uns nahe rückt. Züngelnd beantwortet von einer aus dem Abgrund aufschießenden Zypresse, so dass uns ein direkter Zugang ins Bild versperrt wird. Wir können dieser Welt nicht in eine erlösende Transzendenz entkommen, wie bei Friedrich, höchstens in ihrer beeindruckend diesseitigen Majestät eine höhere Mächtigkeit spüren. Van Gogh hat uns die blühende Explosion dieser

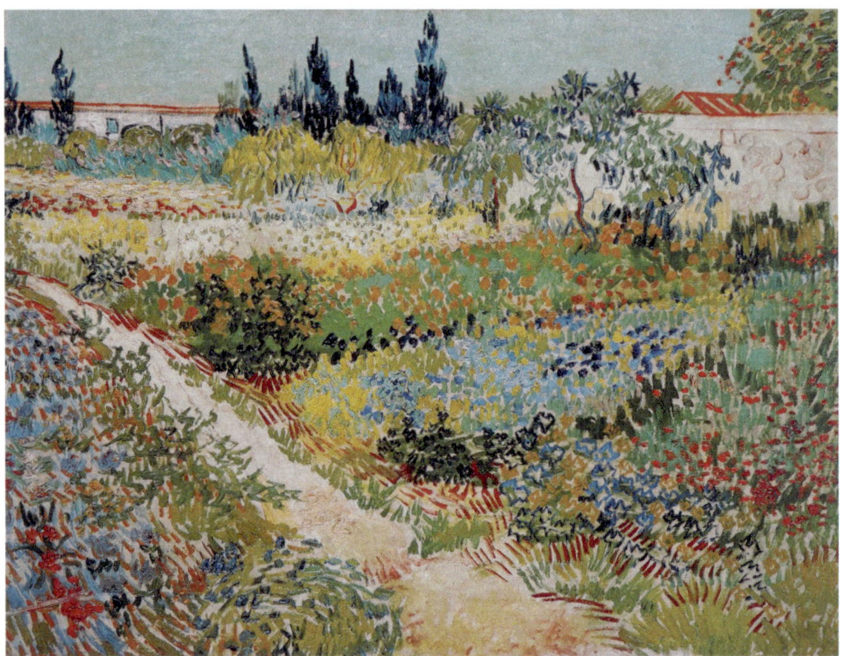

Abb. 20: Vincent van Gogh, Blühender Garten mit Pfad, 1888

Macht in ihren Erscheinungen erschlossen. Man stelle sich der Fülle seines „Blühender Garten mit Pfad" von 1888 (Abb. 20).

Eine heitere, weltfrohe Erfahrung unserer Erde ermöglicht das Gemälde „Getreidefeld mit Mohnblumen und Rebhuhn" von 1887 (Abb. 21, S. 63). Der erste und letzte Eindruck bietet einem eine wogend bewegte Zusammenkunft von Erde und Himmel, Luft und Licht, Boden und Aufwuchs, Schwerkraft und Aufflug. Ein Rebhuhn über einem Kornfeld. Aus einer Untersicht gegeben, erhebt sich dieser Vogel knapp über das aufwachsende Kornfeld, in dem er zu Hause ist. Hinein in ein froh-luftiges Blau eines leicht bewölkten Himmels. Die ihn tragende Luft ist überall spürbar und bewegt das Getreide im Wind in Gegenbewegung zur Erde des Ackers. Der Vogel verkörpert und manifestiert diesen Austausch zwischen Himmel und Erde, lichter Offenheit und irdisch begrenzter Sicht. Der Vogel ist dieser Austausch. Das Rot des Mohns belebt das Grün des Kornfeldes durch komplementären Kon-

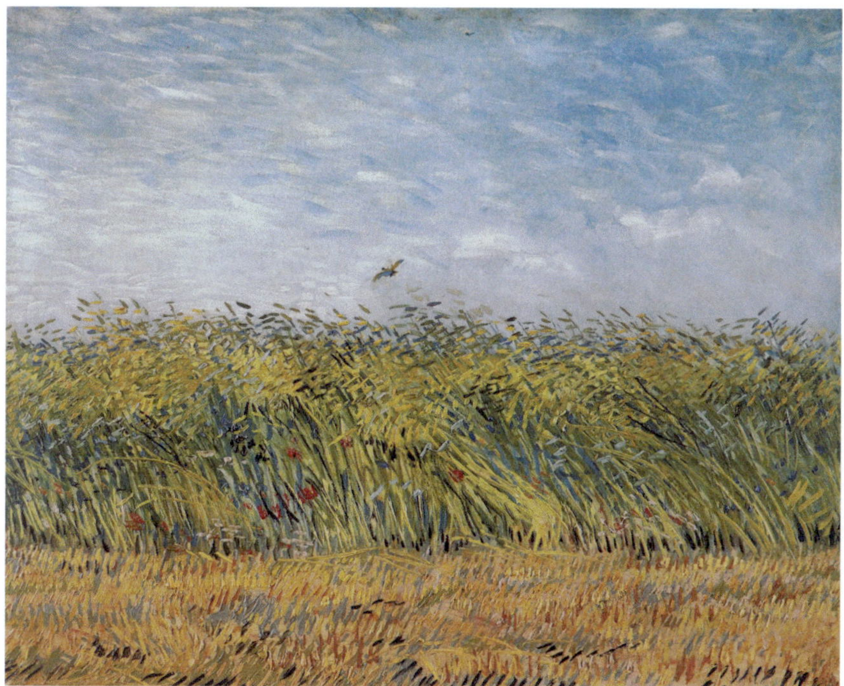

Abb. 21: Vincent van Gogh, Getreidefeld mit Mohnblumen und Rebhuhn, 1887

trast auf ebensolche Weise. Eine schlichte Welt, in der der Mensch durch das Feld als säender und ordnender Ackerbauer präsent ist, der durch das Bild in das Reich der Elemente gestellt wird. Man ist hier Draußen im Wirken der Elemente, (nicht mehr eingesperrt in seine Bewusstseinswelten).

Zum Abschluss soll ein Gemälde von 1888 sprechen, mit dem sich an Turner anschließen lässt: „Weizenfeld mit Blick auf Arles" (Abb. 22, S. 64). Ein riesiges Kornfeld, das die Glut des Himmels aufgenommen hat. Die Silhouette einer schon leicht industrialisierten Wohnstadt der Menschen bildet nur eine schmale zerteilende Zone zwischen Himmel und Erde. Und vor ihr, die Horizontale verstärkend, ein winziger Eisenbahnzug mit seiner Dampffahne. Die erntenden Bauern sind räumlich und farblich der Stadt zugeordnet. Die technische Eisenbahn ist in diesen Kosmos noch eingebaut. Nicht wie bei Turner diese begrenzte

Welt durchrasend, überfahrend und die Elemente in energiegeladener Geschwindigkeit auflösend, hoch über der Lebenswelt der schaulustigen Kirchgänger. Van Gogh rettet eine nun untergehende Welt ins Bild. In ihr werden die technischen Infrastrukturen an die Stelle der Erdwirklichkeit treten: Anthropozän.

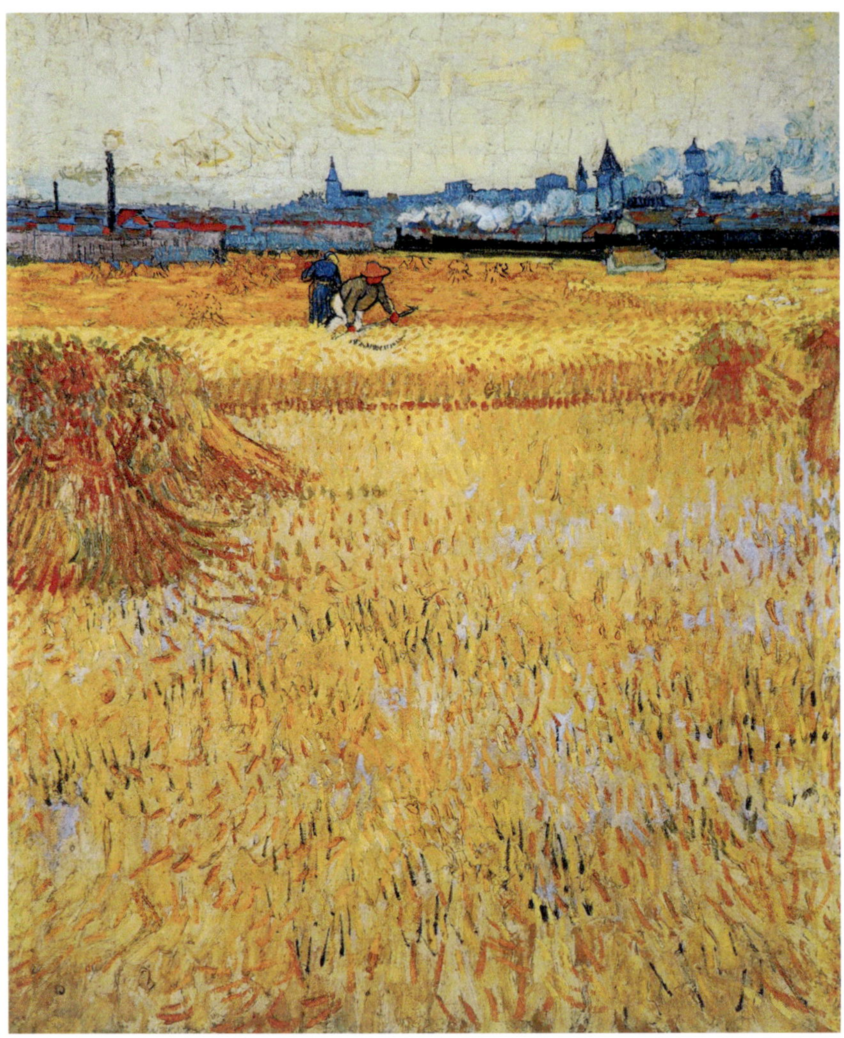

Abb. 22: Vincent van Gogh, Weizenfeld mit Blick auf Arles, 1888

Literatur

Eco, Umberto, Die Geschichte der Schönheit, dtv, München 2006, Kap. XI, Das Erhabene, S. 275ff.

Hofmannsthal, Hugo von, Ausgewählte Werke in zwei Bänden, Fischer Ffm. 1957, Erster Band, Erzählungen und Aufsätze, Die Briefe des Zurückgekehrten, S. 475 – 501.

Keller, Horst, Ein Garten wird Malerei, Monets Jahre in Giverny, DuMont Köln 1982.

Meier-Graefe, Julius, Das Fest der Farben. Über Malerei von Delacroix bis van Gogh, Fourier Wiesbaden.

Meier-Graefe, Julius, Vincent van Gogh, in: Grundstoff der Bilder, Piper München 1959, S. 169 – 183.

Rahn, Dieter, Das Auge der Malerei, in: Ende der Geschichte, Abschied von der Geschichtskonzeption der Moderne?, Parabel, Schriftenreihe des Evangelischen Studienwerks Villigst Bd. 5, Münster 1986, S. 113 – 130.

Ritter, Joachim, Subjektivität, Bibliothek Suhrkamp, Ffm. 1974, S. 141 – 163.

Schivelbusch, Wolfgang, Geschichte der Eisenbahnreise, Zur Industrialisierung von Raum und Zeit im 19. Jahrhundert, Ullstein Materialien, München 1977.

Wagner, Monika, William Turner, CH. Beck München 2011.

Abbildungsverzeichnis und -nachweise

Abb. 1: Claude Lorrain, Landschaft mit der Vertreibung von Hagar und Ismael, 1668. Aus: Claude Lorrain. Die verzauberte Landschaft, Martin Sonnabend und Jon Whiteley, Hatje Cantz, 2012, Bildarchiv Preußischer Kult, (c) bpk/Hamburger Kunsthalle/ Elke Walford.

Abb. 2: Claude Lorrain, Einschiffung der Königin von Saba, 1648, National Gallery London.

Abb. 3: William Turner, Dido erbaut Karthago, 1815, National Gallery London (Foto). Aus: Jeremy Lewison, Turner Monet Twombly, Hatje Cantz 2011.

Abb. 4: William Turner, Sturz einer Lawine in Graubünden (Hütte, von einer Lawine zerstört), 1810, Tate Gallery London. Aus: William Turner, Einleitung von Horst Koch, Berghaus Verlag Ramerding 1977.

Abb. 5: William Turner, Regen, Dampf und Geschwindigkeit – die Great Western Eisenbahn, 1844, Natianal Gallery London. Aus: William Turner, Einleitung von Horst Koch, Berghaus Verlag Ramerding 1977.

Abb. 6: William Turner, Flussufer, Aquarell und Gouache, nach 1830, British Museum London. Aus: William Gaunt, Turner und seine Welt, übers. von Hans Hildenbrand, Gondrom Bayreuth 1980.

Abb. 7: Caspar David Friedrich, Der Mönch am Meer, 1808 – 10, Stiftung Preußischer Kultturbesitz. Aus: Wieland Schmid, Caspar David Friedrich, Dumont Köln, 1992, Foto. Dresden, Deutsche Fotothek.

Abb. 8: Lyonel Feininger, Wolken überm Meer II, 1923, Privatsammlung. Aus: Ulrich Luckhardt, Lyonel Feininger, Prestel München 1998 (2. Aufl.).

Abb. 9: Caspar David Friedrich, Der Wanderer überm Nebelmeer, um 1818, Hamburger Kunsthalle. Aus: Caspar David Friedrich, Kunst um 1800, Hamburger Kunsthalle, 1974, Prestel München 1974.

Abb. 10: Caspar David Friedrich, Kreuz im Gebirge, um 1812, Düsseldorf Kunstmuseum.

Abb. 11: Claude Monet, Der Wassergarten, Collection Roger-Viollet, Paris, Foto: Harlingue-Violet. Aus: Horst Keller, Ein Garten wird Malerei, Monets Jahre in Giverny, DuMont, Köln 1982, S. 90f.

Abb. 12: Claude Monet, Der Sommer / Felder im Frühling, 1887, Staatsgalerie Stuttgart. Aus Unvergängliche Malerei, hrsg. J.E. Schuler, Schuler Verlag Stuttgart 1957, S. 170.

Abb. 13: Claude Monet, La Gare Saint-Lazare, Arrivé d'un Train, 1877,

Privatsammlung. Aus: Robert Gordon, Andrew Forge, Monet, Du-Mont Köln 1982, S. 78.

Abb. 14: Claude Monet, Waterloo Bridge, London, rosa Licht, 1904. Aus: Jeremy Lewison, Turner Monet Twombly, Hatje Cantz 2011.

Abb. 15: Claude Monet, Nympheas, Paysage d'eau, Les Nuages 1903, Privatbesitz. Aus: Claude Monet, Nympheas, Kunstmuseum Basel, Schweizer Verlagshaus, 1986, S. 46.

Abb. 16: Vincent van Gogh, Bauer und Bäuerin beim Kartoffelsetzen, 1885, Kunsthaus Zürich, Aus: Ingo F. Walther/Rainer Metzger, Vincent van Gogh, Sämtliche Gemälde, Band 1, Köln 1992, S. 101.

Abb. 17: Vincent van Gogh, Der Schnitter, 1889, Museum Folkwang (Foto). Aus: Vincent van Gogh, Zwischen Erde und Himmel, Die Landschaften, Hatje Cantz, Katalog Kunstmuseum Basel 2009, S. 251.

Abb. 18: Vincent van Gogh, Zypressenweg unter dem Sternenhimmel, 1890, Otterlo, Rijksmuseum Kröller-Möller. Aus Ingo F. Walther/Rainer Metzger, Vincent van Gogh, Sämtliche Gemälde, Band 2, Köln 1992, S. 632.

Abb. 19: Vincent van Gogh, Die Sternennacht, Zypresse und Dorf, 1889, Aus Ingo F. Walther/Rainer Metzger, Vincent van Gogh, Sämtliche Gemälde, Band 2, Köln 1992, S. 520.

Abb. 20: Vincent van Gogh, Blühender Garten mit Pfad, 1888, Gemeentemuseum Den Haag, Aus: Vincent van Gogh, Zwischen Erde und Himmel, Die Landschaften, Hatje Cantz, Katalog Kunstmuseum Basel 2009, S. 251.

Abb. 21: Vincent van Gogh, Getreidefeld mit Mohnblumen und Rebhuhn, 1887, van Gogh Museum Amsterdam, Aus: Vincent van Gogh, Zwischen Erde und Himmel, Die Landschaften, Hatje Cantz, Katalog Kunstmuseum Basel 2009, S. 185.

Abb. 22: Vincent van Gogh, Weizenfeld mit Blick auf Arles, 1888, Musée Rodin Paris. Aus: Vincent van Gogh, Zwischen Erde und Himmel, Die Landschaften, Hatje Cantz, Katalog Kunstmuseum Basel 2009, S. 217.

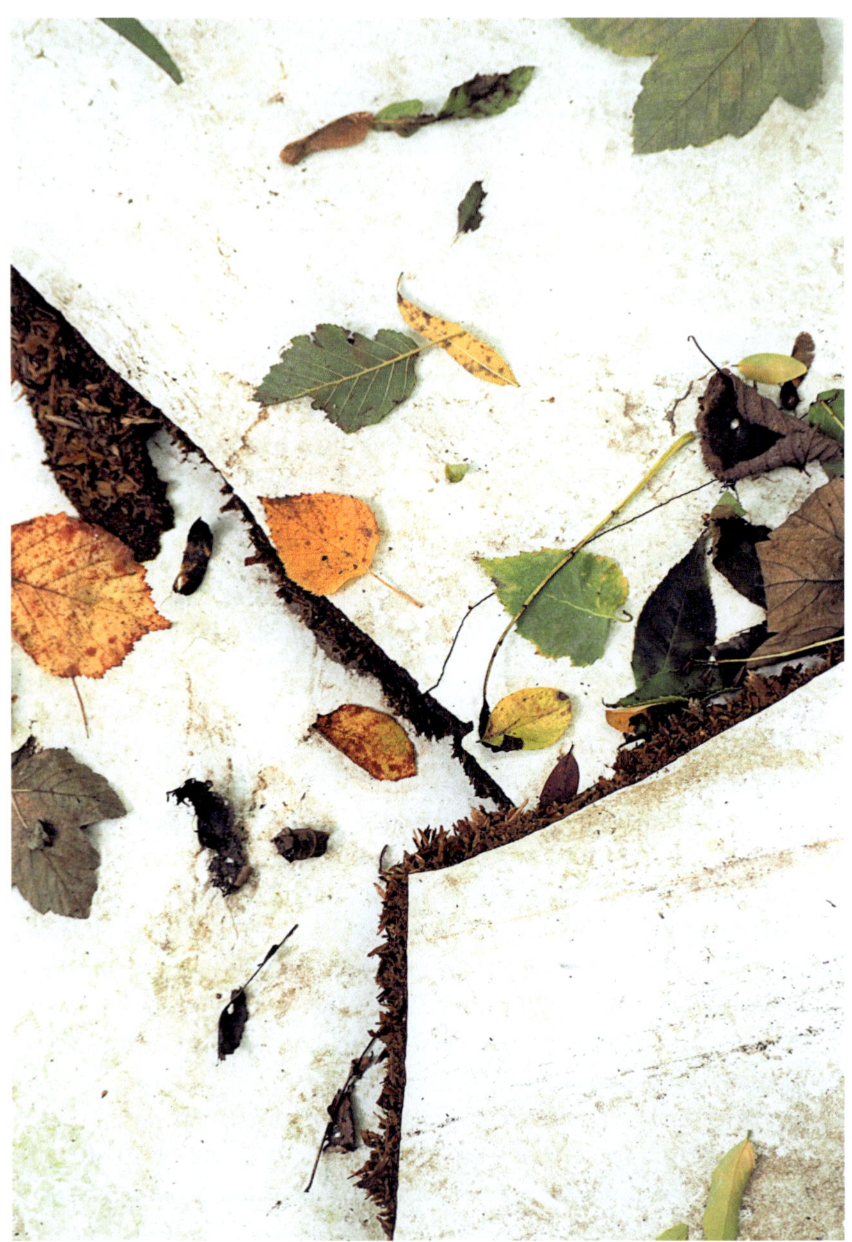

Erd-Risse, Hartmut Schröter